算数力がみるみるアップ!

パワーアップ
読み上げ計算
ワークシート

3・4年

志水 廣 編著/篠崎 富美子 著

明治図書

はじめに

簡単な計算をすらすらできるようになりますと，授業における問題解決にとって強力な道具となります。高学年になって式を立てることができても計算でつまずく子どもは少なくありません。

子どもに計算力をつけたい方のために，これまで音声計算練習を開発してきました。

音声計算練習とは，計算式をランダムに並べた一覧表を手に持って計算して，答えを声に出していく方法です。まるで本を読んでいるかのように答えを言っていくのです。この様子をもとに「読み上げ計算」と命名しています。

１日，たった１分間で計算力がつく魔法の練習方法です。

「そんなバカな？」と信じられないかもしれませんが，毎日，１分間頑張るだけで計算力がつきます。特に暗算力が伸びます。

音声計算を練習し始めると，子どもが自ら計算に対して能動的に取り組みます。しかも，２人練習が基本ですので，協働性が発揮されます。「能動的」と「協働性」!?　どこかで聞いた言葉ですね。そうです，計算練習のアクティブ・ラーニングなのです。２人が励まし合いながら頑張る様子はとてもほほえましい姿です。この練習をしていきますと，集中力が身に付き，また子どもどうしの関係性が高まります。短い時間で効率よく計算力を伸ばすことができるので，一石三鳥，四鳥の効果をあげることができます。実際，計算力が身に付いたという報告が全国から届いております。これまで以下３冊に教材が掲載されています。

１　2005年に愛知県豊田市立高嶺小学校との編著『算数大好きっ子に育てる』（明治図書），

２　2008年に長野県岡谷市立岡谷小学校との編著『算数科学ぶ喜びを育む学習の創造』（明治図書），

３　2016年に愛知県みよし市立緑丘小学校との編著『２つの「しかけ」でうまくいく！算数授業のアクティブ・ラーニング』（明治図書）です。

ところが，１と２については現在，絶版になっております。練習しようにも教材のワークシートがない状況が続きました。どうしようかと試案していたときに，本著の著者の篠崎富美子先生の「読み上げ計算」のワークシートと出会ったのです。企画してから５年かかりここにようやく完成しました。５年という月日が表すように，そのままの受け売りではなくて，志水なりに教材化を入念に組み立てました。とても時間をかけて作りました。

本書を使ってぜひとも子ども達に計算に関してのアクティブ・ラーニングを進めていただければ幸いです。篠崎先生，ありがとうございました。編集部長の木山麻衣子さんにも辛抱強く待っていただき感謝申し上げます。

平成29年11月吉日

愛知教育大学名誉教授　　志水　廣

本書の使い方

□「読み上げ計算」の練習方法

ステップ❶

１人で計算の式を見て，１分間，答えを声に出していく。

・計算する順番は，一覧表上の計算の式をたての列ごとに○①から⑩→●①から⑩→◎①から⑩の順にしていく。

ステップ❷

次に，２人組のペアで，一方は答える役，もう一方は答えを聞いて確認してあげる役として，１分間ずつ相互に練習する。（親子でやるのも効果的。）

・１分間以内に最後の問題までいっても，またはじめの○の列からやる。とにかく１分間やり続ける。全員が同時に終わる。

※５回くらい練習するとスラスラと言えるようになります。そうなったら下の⑩から⑨⑧⑦…へと逆向きに練習するとよいでしょう。

□ワークシート

1年　パワーアップ読《よ》み上《あ》げ計算《けいさん》　　年《ねん》　組《くみ》　番《ばん》　名前《なまえ》

12 たしざん(1)（こたえが10まで）

	○	●	◎	❀
①	2＋3	1＋5	3＋3	4＋6
②	2＋2	4＋1	4＋3	6＋3
③	1＋3	5＋5	4＋2	1＋7
④	3＋2	5＋1	2＋8	1＋4
⑤	3＋4	3＋5	7＋3	9＋1
⑥	1＋2	1＋6	5＋3	5＋4
⑦	1＋1	2＋7	8＋1	6＋2
⑧	2＋4	7＋1	2＋5	1＋8
⑨	3＋1	2＋1	7＋2	4＋4
⑩	5＋2	6＋1	4＋5	2＋6

※１分間《ぷんかん》にどこまでいえるかな？　目《もく》ひょうは１分で40問《もん》

30

12 たしざん(1)(こたえが10まで)　　年《ねん》　組《くみ》　番《ばん》　名前《なまえ》

1年　パワーアップ読み上げ計算

きろくひょう

月/日	なんこ	月/日	なんこ	月/日	なんこ	月/日	なんこ
/		/		/		/	
/		/		/		/	
/		/		/		/	
/		/		/		/	
/		/		/		/	

いくつできたかきろくしましょう。

こたえ

	○	●	◎	❀
①	2＋3 5	1＋5 6	3＋3 6	4＋6 10
②	2＋2 4	4＋1 5	4＋3 7	6＋3 9
③	1＋3 4	5＋5 10	4＋2 6	1＋7 8
④	3＋2 5	5＋1 6	2＋8 10	1＋4 5
⑤	3＋4 7	3＋5 8	7＋3 10	9＋1 10
⑥	1＋2 3	1＋6 7	5＋3 8	5＋4 9
⑦	1＋1 2	2＋7 9	8＋1 9	6＋2 8
⑧	2＋4 6	7＋1 8	2＋5 7	1＋8 9
⑨	3＋1 4	2＋1 3	7＋2 9	4＋4 8
⑩	5＋2 7	6＋1 7	4＋5 9	2＋6 8

31

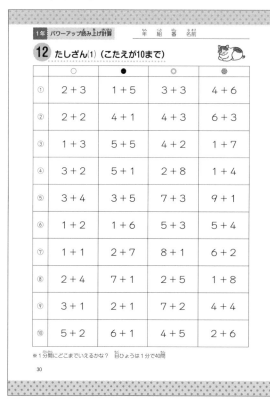

□読み上げ計算のよさ

読み上げ計算のよさについて述べよう。

❶ １分間で計算するだけだから，集中する。読み上げ計算全体でも５分間で終わることができる。

❷ ペア練習では，答え合わせはその場その場でしているので，後で答え合わせの時間をとる必要がない。百マス計算とはこの点が大きく異なる。また，その場で答え合わせというのは，間違いを自覚しすぐに訂正できる。

❸ 視暗算の力が伸びる。

❹ ペア学習なので，子ども相互に仲良くなる。

❺ 人との競争ではなくて，個人の伸びを自覚できる。

❻ 印刷するプリントは１回で済む。百マス計算はやるたびに印刷しなくてはならない。つまり，音声計算は省エネルギーである。

まとめると，短時間で簡単にでき，しかも効果があるというのが音声計算の特徴である。このことは，ユニバーサルデザインのわかりやすさに共通している事柄である。

□練習するときの留意点

ただし，簡単な方法とはいえ，次の留意点は守ってほしい。

❶ 計算の仕方がきちんと理解してできるようになってからこの音声計算に取り組むことである。計算の仕方の理解が曖昧なときは，つまずきやすいので，練習すればするほど，つまずきが定着してしまう。

❷ 問題の分量は，基本的にはワークシートの分量である。子どもの困難度によって減らしたり増やしたりすることである。

❸ 最低，５回は練習させたい。記録をつけて伸びを自覚させたい。

❹ 同じ計算シートをしていると飽きてくることがある。そのときには，別のシートに変更するか，またはしばらく中止するとよい。

❺ できなかった問題には印はつけておきたい。それらの問題を集中的に練習するとよい。

＊本書の教材ワークシートの数はかなり多い。全てやりたいのであるが，限られた教育課程の時間数では，選択してやってほしい。少なくともやってほしいのは，たし算，ひき算，かけ算，わり算の基本的なタイプである。これらは念入りに練習させたい。その他については，少ない回数でもよしとする。無理矢理やらせることは避けてほしい。せっかくアクティブ・ラーニングなのに，嫌いな方向へもっていったら何にもならない。あくまでも子どもの関心・意欲を大事に育てていきたい。

（志水　廣）

Contents

4年　パワーアップ読み上げ計算

年　組　番　名前

1 あなあき九九　6のだん

式《しき》も言います。

	○		●		◎		✿
①	6×0＝	⑪	6×6＝	㉑	6×□＝36	㉛	6×□＝18
②	6×1＝	⑫	6×3＝	㉒	6×□＝48	㉜	6×□＝30
③	6×2＝	⑬	6×7＝	㉓	6×□＝18	㉝	6×□＝36
④	6×3＝	⑭	6×2＝	㉔	6×□＝30	㉞	6×□＝42
⑤	6×4＝	⑮	6×5＝	㉕	6×□＝0	㉟	6×□＝12
⑥	6×5＝	⑯	6×9＝	㉖	6×□＝12	㊱	6×□＝60
⑦	6×6＝	⑰	6×10＝	㉗	6×□＝42	㊲	6×□＝48
⑧	6×7＝	⑱	6×4＝	㉘	6×□＝54	㊳	6×□＝6
⑨	6×9＝	⑲	6×8＝	㉙	6×□＝60	㊴	6×□＝24
⑩	6×8＝	⑳	6×1＝	㉚	6×□＝24	㊵	6×□＝54

年　組　番　名前

1 あなあき九九　6のだん

式《しき》も言います。

■答え

	○		●		◎		❀
①	6 × 0 = 0	⑪	6 × 6 = 36	㉑	6 × $\boxed{6}$ = 36	㉛	6 × $\boxed{3}$ = 18
②	6 × 1 = 6	⑫	6 × 3 = 18	㉒	6 × $\boxed{8}$ = 48	㉜	6 × $\boxed{5}$ = 30
③	6 × 2 = 12	⑬	6 × 7 = 42	㉓	6 × $\boxed{3}$ = 18	㉝	6 × $\boxed{6}$ = 36
④	6 × 3 = 18	⑭	6 × 2 = 12	㉔	6 × $\boxed{5}$ = 30	㉞	6 × $\boxed{7}$ = 42
⑤	6 × 4 = 24	⑮	6 × 5 = 30	㉕	6 × $\boxed{0}$ = 0	㉟	6 × $\boxed{2}$ = 12
⑥	6 × 5 = 30	⑯	6 × 9 = 54	㉖	6 × $\boxed{2}$ = 12	㊱	6 × $\boxed{10}$ = 60
⑦	6 × 6 = 36	⑰	6 × 10 = 60	㉗	6 × $\boxed{7}$ = 42	㊲	6 × $\boxed{8}$ = 48
⑧	6 × 7 = 42	⑱	6 × 4 = 24	㉘	6 × $\boxed{9}$ = 54	㊳	6 × $\boxed{1}$ = 6
⑨	6 × 9 = 54	⑲	6 × 8 = 48	㉙	6 × $\boxed{10}$ = 60	㊴	6 × $\boxed{4}$ = 24
⑩	6 × 8 = 48	⑳	6 × 1 = 6	㉚	6 × $\boxed{4}$ = 24	㊵	6 × $\boxed{9}$ = 54

■記録表《きろくひょう》

月／日	何こ	月／日	何こ
／		／	
／		／	
／		／	
／		／	
／		／	
／		／	
／		／	
／		／	
／		／	
／		／	
／		／	
／		／	

いくつできたか記録しましょう。

年　組　番　名前

2 あなあき九九　7のだん

式《しき》も言います。

	○		●		◎		❁
①	7×0＝	⑪	7×6＝	㉑	7×□＝63	㉛	7×□＝56
②	7×1＝	⑫	7×3＝	㉒	7×□＝14	㉜	7×□＝70
③	7×2＝	⑬	7×7＝	㉓	7×□＝42	㉝	7×□＝35
④	7×3＝	⑭	7×2＝	㉔	7×□＝7	㉞	7×□＝42
⑤	7×4＝	⑮	7×5＝	㉕	7×□＝56	㉟	7×□＝49
⑥	7×5＝	⑯	7×9＝	㉖	7×□＝28	㊱	7×□＝21
⑦	7×6＝	⑰	7×10＝	㉗	7×□＝49	㊲	7×□＝63
⑧	7×7＝	⑱	7×8＝	㉘	7×□＝35	㊳	7×□＝28
⑨	7×8＝	⑲	7×4＝	㉙	7×□＝0	㊴	7×□＝7
⑩	7×9＝	⑳	7×7＝	㉚	7×□＝21	㊵	7×□＝14

2 あなあき九九　7のだん　式《しき》も言います。

年　　組　　番　　名前

答え

	○		●		◎		✿
①	7×0＝0	⑪	7×6＝42	㉑	7×[9]＝63	㉛	7×[8]＝56
②	7×1＝7	⑫	7×3＝21	㉒	7×[2]＝14	㉜	7×[10]＝70
③	7×2＝14	⑬	7×7＝49	㉓	7×[6]＝42	㉝	7×[5]＝35
④	7×3＝21	⑭	7×2＝14	㉔	7×[1]＝7	㉞	7×[6]＝42
⑤	7×4＝28	⑮	7×5＝35	㉕	7×[8]＝56	㉟	7×[7]＝49
⑥	7×5＝35	⑯	7×9＝63	㉖	7×[4]＝28	㊱	7×[3]＝21
⑦	7×6＝42	⑰	7×10＝70	㉗	7×[7]＝49	㊲	7×[9]＝63
⑧	7×7＝49	⑱	7×8＝56	㉘	7×[5]＝35	㊳	7×[4]＝28
⑨	7×8＝56	⑲	7×4＝28	㉙	7×[0]＝0	㊴	7×[1]＝7
⑩	7×9＝63	⑳	7×7＝49	㉚	7×[3]＝21	㊵	7×[2]＝14

記録表《きろくひょう》

月／日	何こ	月／日	何こ
／		／	
／		／	
／		／	
／		／	
／		／	
／		／	
／		／	
／		／	
／		／	
／		／	
／		／	
／		／	

いくつできたか記録しましょう。

年　組　番　名前

3 あなあき九九　8のだん

式《しき》も言います。

	○		●		◎		✿
①	$8 \times 0 =$	⑪	$8 \times 6 =$	㉑	$8 \times \square = 72$	㉛	$8 \times \square = 64$
②	$8 \times 1 =$	⑫	$8 \times 8 =$	㉒	$8 \times \square = 16$	㉜	$8 \times \square = 80$
③	$8 \times 2 =$	⑬	$8 \times 7 =$	㉓	$8 \times \square = 48$	㉝	$8 \times \square = 40$
④	$8 \times 3 =$	⑭	$8 \times 2 =$	㉔	$8 \times \square = 8$	㉞	$8 \times \square = 48$
⑤	$8 \times 4 =$	⑮	$8 \times 5 =$	㉕	$8 \times \square = 64$	㉟	$8 \times \square = 56$
⑥	$8 \times 5 =$	⑯	$8 \times 9 =$	㉖	$8 \times \square = 32$	㊱	$8 \times \square = 24$
⑦	$8 \times 6 =$	⑰	$8 \times 10 =$	㉗	$8 \times \square = 56$	㊲	$8 \times \square = 72$
⑧	$8 \times 7 =$	⑱	$8 \times 4 =$	㉘	$8 \times \square = 40$	㊳	$8 \times \square = 32$
⑨	$8 \times 8 =$	⑲	$8 \times 3 =$	㉙	$8 \times \square = 80$	㊴	$8 \times \square = 0$
⑩	$8 \times 9 =$	⑳	$8 \times 7 =$	㉚	$8 \times \square = 24$	㊵	$8 \times \square = 16$

3 あなあき九九　8のだん

式《しき》も言います。

年　組　番　名前

答え

	○		●		◎		✿
①	8 × 0 = 0	⑪	8 × 6 = 48	㉑	8 × [9] = 72	㉛	8 × [8] = 64
②	8 × 1 = 8	⑫	8 × 8 = 64	㉒	8 × [2] = 16	㉜	8 × [10] = 80
③	8 × 2 = 16	⑬	8 × 7 = 56	㉓	8 × [6] = 48	㉝	8 × [5] = 40
④	8 × 3 = 24	⑭	8 × 2 = 16	㉔	8 × [1] = 8	㉞	8 × [6] = 48
⑤	8 × 4 = 32	⑮	8 × 5 = 40	㉕	8 × [8] = 64	㉟	8 × [7] = 56
⑥	8 × 5 = 40	⑯	8 × 9 = 72	㉖	8 × [4] = 32	㊱	8 × [3] = 24
⑦	8 × 6 = 48	⑰	8 × 10 = 80	㉗	8 × [7] = 56	㊲	8 × [9] = 72
⑧	8 × 7 = 56	⑱	8 × 4 = 32	㉘	8 × [5] = 40	㊳	8 × [4] = 32
⑨	8 × 8 = 64	⑲	8 × 3 = 24	㉙	8 × [10] = 80	㊴	8 × [0] = 0
⑩	8 × 9 = 72	⑳	8 × 7 = 56	㉚	8 × [3] = 24	㊵	8 × [2] = 16

記録表《きろくひょう》

月／日	何こ	月／日	何こ
／		／	
／		／	
／		／	
／		／	
／		／	
／		／	
／		／	
／		／	
／		／	
／		／	
／		／	
／		／	

いくつできたか記録しましょう。

年　組　番　名前

4 あなあき九九　9のだん

式《しき》も言います。

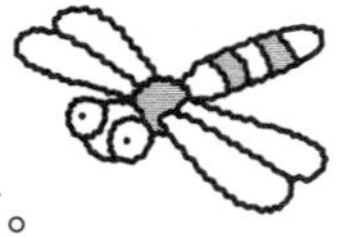

	○		●		◎		✿
①	9×0＝	⑪	9×6＝	㉑	9×□＝63	㉛	9×□＝36
②	9×1＝	⑫	9×3＝	㉒	9×□＝45	㉜	9×□＝72
③	9×2＝	⑬	9×7＝	㉓	9×□＝81	㉝	9×□＝27
④	9×3＝	⑭	9×2＝	㉔	9×□＝36	㉞	9×□＝90
⑤	9×4＝	⑮	9×5＝	㉕	9×□＝9	㉟	9×□＝63
⑥	9×5＝	⑯	9×9＝	㉖	9×□＝54	㊱	9×□＝9
⑦	9×6＝	⑰	9×10＝	㉗	9×□＝18	㊲	9×□＝0
⑧	9×7＝	⑱	9×8＝	㉘	9×□＝72	㊳	9×□＝54
⑨	9×8＝	⑲	9×4＝	㉙	9×□＝27	㊴	9×□＝81
⑩	9×9＝	⑳	9×7＝	㉚	9×□＝90	㊵	9×□＝45

4 あなあき九九　9のだん　式《しき》も言います。

年　組　番　名前

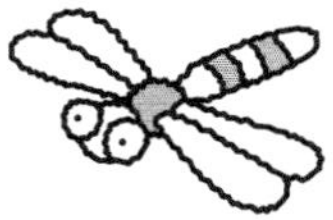

答え

	○		●		◎		✿
①	9×0=0	⑪	9×6=54	㉑	9×[7]=63	㉛	9×[4]=36
②	9×1=9	⑫	9×3=27	㉒	9×[5]=45	㉜	9×[8]=72
③	9×2=18	⑬	9×7=63	㉓	9×[9]=81	㉝	9×[3]=27
④	9×3=27	⑭	9×2=18	㉔	9×[4]=36	㉞	9×[10]=90
⑤	9×4=36	⑮	9×5=45	㉕	9×[1]=9	㉟	9×[7]=63
⑥	9×5=45	⑯	9×9=81	㉖	9×[6]=54	㊱	9×[1]=9
⑦	9×6=54	⑰	9×10=90	㉗	9×[2]=18	㊲	9×[0]=0
⑧	9×7=63	⑱	9×8=72	㉘	9×[8]=72	㊳	9×[6]=54
⑨	9×8=72	⑲	9×4=36	㉙	9×[3]=27	㊴	9×[9]=81
⑩	9×9=81	⑳	9×7=63	㉚	9×[10]=90	㊵	9×[5]=45

記録表《きろくひょう》

月／日	何こ	月／日	何こ
／		／	
／		／	
／		／	
／		／	
／		／	
／		／	
／		／	
／		／	
／		／	
／		／	
／		／	
／		／	

いくつできたか記録しましょう。

年　組　番　名前

5 あなあき九九　2，3，4，5のだん

	○	●	◎	❁
①	5 × □ = 15	4 × □ = 20	5 × □ = 20	5 × □ = 25
②	5 × □ = 40	4 × □ = 8	3 × □ = 18	3 × □ = 9
③	5 × □ = 5	4 × □ = 24	4 × □ = 32	5 × □ = 10
④	5 × □ = 35	4 × □ = 16	3 × □ = 6	5 × □ = 45
⑤	5 × □ = 25	4 × □ = 36	2 × □ = 14	2 × □ = 6
⑥	3 × □ = 24	2 × □ = 18	4 × □ = 4	3 × □ = 30
⑦	3 × □ = 27	2 × □ = 10	2 × □ = 16	5 × □ = 40
⑧	3 × □ = 3	2 × □ = 2	4 × □ = 12	2 × □ = 20
⑨	3 × □ = 12	2 × □ = 12	5 × □ = 30	4 × □ = 28
⑩	3 × □ = 21	2 × □ = 8	3 × □ = 15	5 × □ = 50

※1分間にどこまで言えるかな？

5 あなあき九九　2，3，4，5のだん

年　　組　　番　　名前

記録表《きろくひょう》

月／日	何こ	月／日	何こ	月／日	何こ	月／日	何こ
／		／		／		／	
／		／		／		／	
／		／		／		／	
／		／		／		／	
／		／		／		／	
／		／		／		／	

いくつできたか記録しましょう。

答え

	○	●	◎	❁
①	5×□=15 3	4×□=20 5	5×□=20 4	5×□=25 5
②	5×□=40 8	4×□=8 2	3×□=18 6	3×□=9 3
③	5×□=5 1	4×□=24 6	4×□=32 8	5×□=10 2
④	5×□=35 7	4×□=16 4	3×□=6 2	5×□=45 9
⑤	5×□=25 5	4×□=36 9	2×□=14 7	2×□=6 3
⑥	3×□=24 8	2×□=18 9	4×□=4 1	3×□=30 10
⑦	3×□=27 9	2×□=10 5	2×□=16 8	5×□=40 8
⑧	3×□=3 1	2×□=2 1	4×□=12 3	2×□=20 10
⑨	3×□=12 4	2×□=12 6	5×□=30 6	4×□=28 7
⑩	3×□=21 7	2×□=8 4	3×□=15 5	5×□=50 10

年　組　番　名前

6 あなあき九九　6，7，8，9のだん

	○	●	◎	❁
①	6 ×□＝18	9 ×□＝27	6 ×□＝ 0	9 ×□＝63
②	6 ×□＝42	9 ×□＝18	8 ×□＝40	8 ×□＝32
③	6 ×□＝ 6	9 ×□＝45	9 ×□＝90	6 ×□＝12
④	6 ×□＝54	9 ×□＝72	8 ×□＝64	6 ×□＝36
⑤	6 ×□＝48	9 ×□＝54	7 ×□＝56	7 ×□＝63
⑥	8 ×□＝24	7 ×□＝35	9 ×□＝81	8 ×□＝32
⑦	8 ×□＝72	7 ×□＝14	7 ×□＝42	7 ×□＝49
⑧	8 ×□＝ 8	7 ×□＝28	9 ×□＝ 9	7 ×□＝ 0
⑨	8 ×□＝16	7 ×□＝21	6 ×□＝30	9 ×□＝72
⑩	8 ×□＝56	7 ×□＝ 7	8 ×□＝48	6 ×□＝24

※１分間にどこまで言えるかな？

6 あなあき九九　6,7,8,9のだん

年　組　番　名前

記《き》録《ろく》表《ひょう》

月／日	何こ	月／日	何こ	月／日	何こ	月／日	何こ
／		／		／		／	
／		／		／		／	
／		／		／		／	
／		／		／		／	
／		／		／		／	
／		／		／		／	

いくつできたか記録しましょう。

答え

	○	●	◎	❁
①	6×□=18 3	9×□=27 3	6×□=0 0	9×□=63 7
②	6×□=42 7	9×□=18 2	8×□=40 5	8×□=32 4
③	6×□=6 1	9×□=45 5	9×□=90 10	6×□=12 2
④	6×□=54 9	9×□=72 8	8×□=64 8	6×□=36 6
⑤	6×□=48 8	9×□=54 6	7×□=56 8	7×□=63 9
⑥	8×□=24 3	7×□=35 5	9×□=81 9	8×□=32 4
⑦	8×□=72 9	7×□=14 2	7×□=42 6	7×□=49 7
⑧	8×□=8 1	7×□=28 4	9×□=9 1	7×□=0 0
⑨	8×□=16 2	7×□=21 3	6×□=30 5	9×□=72 8
⑩	8×□=56 7	7×□=7 1	8×□=48 6	6×□=24 4

年　組　番　名前

7 わり算① 2，3，4，5のだん

れんげそう

	○	●	◎	❁
①	18÷2	24÷3	36÷4	20÷5
②	14÷2	15÷3	24÷4	45÷5
③	8÷2	6÷3	32÷4	35÷5
④	16÷2	27÷3	12÷4	10÷5
⑤	2÷2	18÷3	4÷4	30÷5
⑥	4÷2	21÷3	16÷4	0÷5
⑦	6÷2	3÷3	0÷4	25÷5
⑧	12÷2	12÷3	28÷4	15÷5
⑨	0÷2	9÷3	8÷4	5÷5
⑩	10÷2	0÷3	20÷4	40÷5

※目標《もくひょう》は１分で40問《もん》

7 わり算① 2，3，4，5のだん

年　組　番　名前

記録表《きろくひょう》

月／日	何こ	月／日	何こ	月／日	何こ	月／日	何こ
／		／		／		／	
／		／		／		／	
／		／		／		／	
／		／		／		／	
／		／		／		／	
／		／		／		／	

いくつできたか記録しましょう。

れんげそう

答え

	○	●	◎	❀
①	18÷2 9	24÷3 8	36÷4 9	20÷5 4
②	14÷2 7	15÷3 5	24÷4 6	45÷5 9
③	8÷2 4	6÷3 2	32÷4 8	35÷5 7
④	16÷2 8	27÷3 9	12÷4 3	10÷5 2
⑤	2÷2 1	18÷3 6	4÷4 1	30÷5 6
⑥	4÷2 2	21÷3 7	16÷4 4	0÷5 0
⑦	6÷2 3	3÷3 1	0÷4 0	25÷5 5
⑧	12÷2 6	12÷3 4	28÷4 7	15÷5 3
⑨	0÷2 0	9÷3 3	8÷4 2	5÷5 1
⑩	10÷2 5	0÷3 0	20÷4 5	40÷5 8

年　組　番　名前

8 わり算② 6，7，8，9のだん

	○	●	◎	❁
①	12 ÷ 6	28 ÷ 7	40 ÷ 8	45 ÷ 9
②	30 ÷ 6	63 ÷ 7	24 ÷ 8	54 ÷ 9
③	42 ÷ 6	7 ÷ 7	32 ÷ 8	27 ÷ 9
④	54 ÷ 6	56 ÷ 7	48 ÷ 8	36 ÷ 9
⑤	36 ÷ 6	14 ÷ 7	0 ÷ 8	9 ÷ 9
⑥	6 ÷ 6	42 ÷ 7	16 ÷ 8	63 ÷ 9
⑦	24 ÷ 6	21 ÷ 7	64 ÷ 8	18 ÷ 9
⑧	48 ÷ 6	49 ÷ 7	8 ÷ 8	81 ÷ 9
⑨	0 ÷ 6	70 ÷ 7	56 ÷ 8	72 ÷ 9
⑩	18 ÷ 6	35 ÷ 7	72 ÷ 8	90 ÷ 9

※目標《もくひょう》は１分で40問《もん》

8 わり算② 6，7，8，9のだん

年　組　番　名前

記録表《きろくひょう》

月／日	何こ	月／日	何こ	月／日	何こ	月／日	何こ
／		／		／		／	
／		／		／		／	
／		／		／		／	
／		／		／		／	
／		／		／		／	
／		／		／		／	

いくつできたか記録しましょう。

答え

	○	●	◎	❀
①	12÷6 2	28÷7 4	40÷8 5	45÷9 5
②	30÷6 5	63÷7 9	24÷8 3	54÷9 6
③	42÷6 7	7÷7 1	32÷8 4	27÷9 3
④	54÷6 9	56÷7 8	48÷8 6	36÷9 4
⑤	36÷6 6	14÷7 2	0÷8 0	9÷9 1
⑥	6÷6 1	42÷7 6	16÷8 2	63÷9 7
⑦	24÷6 4	21÷7 3	64÷8 8	18÷9 2
⑧	48÷6 8	49÷7 7	8÷8 1	81÷9 9
⑨	0÷6 0	70÷7 10	56÷8 7	72÷9 8
⑩	18÷6 3	35÷7 5	72÷8 9	90÷9 10

年　組　番　名前

9 わり算③ 混合《こんごう》

	○	●	◎	❁
①	6 ÷ 3	0 ÷ 2	28 ÷ 4	48 ÷ 8
②	40 ÷ 5	45 ÷ 5	35 ÷ 7	16 ÷ 4
③	15 ÷ 3	20 ÷ 4	14 ÷ 2	30 ÷ 5
④	24 ÷ 8	54 ÷ 9	8 ÷ 8	24 ÷ 6
⑤	12 ÷ 2	16 ÷ 8	63 ÷ 7	4 ÷ 2
⑥	49 ÷ 7	36 ÷ 4	18 ÷ 3	9 ÷ 3
⑦	24 ÷ 4	12 ÷ 3	42 ÷ 6	81 ÷ 9
⑧	18 ÷ 9	9 ÷ 9	54 ÷ 6	12 ÷ 6
⑨	3 ÷ 1	72 ÷ 8	25 ÷ 5	35 ÷ 5
⑩	21 ÷ 3	36 ÷ 6	72 ÷ 9	1 ÷ 1

※目標《もくひょう》は１分で40問《もん》

9 わり算③ 混合《こんごう》

年　組　番　名前

記録表《きろくひょう》

月／日	何こ	月／日	何こ	月／日	何こ	月／日	何こ
／		／		／		／	
／		／		／		／	
／		／		／		／	
／		／		／		／	
／		／		／		／	
／		／		／		／	

いくつできたか記録しましょう。

答え

	○	●	◎	❀
①	6 ÷ 3 2	0 ÷ 2 0	28 ÷ 4 7	48 ÷ 8 6
②	40 ÷ 5 8	45 ÷ 5 9	35 ÷ 7 5	16 ÷ 4 4
③	15 ÷ 3 5	20 ÷ 4 5	14 ÷ 2 7	30 ÷ 5 6
④	24 ÷ 8 3	54 ÷ 9 6	8 ÷ 8 1	24 ÷ 6 4
⑤	12 ÷ 2 6	16 ÷ 8 2	63 ÷ 7 9	4 ÷ 2 2
⑥	49 ÷ 7 7	36 ÷ 4 9	18 ÷ 3 6	9 ÷ 3 3
⑦	24 ÷ 4 6	12 ÷ 3 4	42 ÷ 6 7	81 ÷ 9 9
⑧	18 ÷ 9 2	9 ÷ 9 1	54 ÷ 6 9	12 ÷ 6 2
⑨	3 ÷ 1 3	72 ÷ 8 9	25 ÷ 5 5	35 ÷ 5 7
⑩	21 ÷ 3 7	36 ÷ 6 6	72 ÷ 9 8	1 ÷ 1 1

年　組　番　名前

10 何十÷□

別《べつ》のわり算もまじっています。

	○	●	◎
①	⑩⑩⑩⑩⑩ ⑩ ÷ 3 60	20 ÷ 2	69 ÷ 3
②	⑩⑩⑩⑩⑩ ⑩ ÷ 2 60	70 ÷ 7	30 ÷ 5
③	⑩⑩⑩⑩ ÷ 2 40	60 ÷ 2	46 ÷ 2
④	⑩⑩⑩⑩ ÷ 4 40	20 ÷ 4	40 ÷ 8
⑤	⑩⑩⑩ ÷ 3 30	40 ÷ 2	63 ÷ 3
⑥	⑩⑩⑩⑩⑩ ⑩⑩⑩ ÷ 4 80	90 ÷ 3	63 ÷ 9
⑦	⑩⑩⑩⑩⑩ ⑩⑩⑩⑩ ÷ 3 90	40 ÷ 5	99 ÷ 3
⑧	⑩⑩⑩⑩⑩ ⑩⑩⑩ ÷ 2 80	80 ÷ 2	84 ÷ 4
⑨	⑩⑩⑩⑩⑩ ⑩ ÷ 6 60	36 ÷ 4	36 ÷ 3
⑩	⑩⑩⑩⑩⑩ ÷ 5 50	60 ÷ 3	28 ÷ 2

※1分間にどこまで言えるかな？　目標《もくひょう》は1分で30問《もん》

10 何十÷□

年　組　番　名前

記《き》録《ろく》表《ひょう》

月／日	何こ	月／日	何こ	月／日	何こ	月／日	何こ
／		／		／		／	
／		／		／		／	
／		／		／		／	
／		／		／		／	
／		／		／		／	
／		／		／		／	

いくつできたか記録しましょう。

答え

	○	●	◎
①	⑩⑩⑩⑩⑩ ⑩ ÷3 20	20÷2 10	69÷3 23
②	⑩⑩⑩⑩⑩ ⑩ ÷2 30	70÷7 10	30÷5 6
③	⑩⑩⑩⑩ ÷2 20	60÷2 30	46÷2 23
④	⑩⑩⑩⑩ ÷4 10	20÷4 5	40÷8 5
⑤	⑩⑩⑩ ÷3 10	40÷2 20	63÷3 21
⑥	⑩⑩⑩⑩⑩ ⑩⑩⑩ ÷4 20	90÷3 30	63÷9 7
⑦	⑩⑩⑩⑩⑩ ⑩⑩⑩⑩ ÷3 30	40÷5 8	99÷3 33
⑧	⑩⑩⑩⑩⑩ ⑩⑩⑩ ÷2 40	80÷2 40	84÷4 21
⑨	⑩⑩⑩⑩⑩ ⑩ ÷6 10	36÷4 9	36÷3 12
⑩	⑩⑩⑩⑩⑩ ÷5 10	60÷3 20	28÷2 14

年　組　番　名前

11 答えを見つけるための九九を言いましょう

	○	●	✿
①	13÷3＝□あまり1	9÷5＝□あまり4	10÷4＝□あまり2
②	19÷5＝□あまり4	32÷6＝□あまり2	7÷2＝□あまり1
③	7÷3＝□あまり1	35÷8＝□あまり3	52÷9＝□あまり7
④	19÷4＝□あまり3	26÷3＝□あまり2	40÷6＝□あまり4
⑤	3÷2＝□あまり1	39÷4＝□あまり3	28÷3＝□あまり1
⑥	30÷4＝□あまり2	9÷2＝□あまり1	50÷8＝□あまり2
⑦	29÷5＝□あまり4	69÷7＝□あまり6	44÷5＝□あまり4
⑧	23÷6＝□あまり5	60÷9＝□あまり6	38÷7＝□あまり3
⑨	29÷4＝□あまり1	3÷5＝□あまり3	20÷8＝□あまり4
⑩	20÷6＝□あまり2	15÷2＝□あまり1	53÷6＝□あまり5

※目標《もくひょう》は1分で30問《もん》

11 答えを見つけるための九九を言いましょう

年　組　番　名前

記録表《きろくひょう》

月／日	何こ	月／日	何こ	月／日	何こ	月／日	何こ
／		／		／		／	
／		／		／		／	
／		／		／		／	
／		／		／		／	
／		／		／		／	
／		／		／		／	

いくつできたか記録しましょう。

答え

	○	●	◎
①	13÷3 $3\times\boxed{4}=12$	9÷5 $5\times\boxed{1}=5$	10÷4 $4\times\boxed{2}=8$
②	19÷5 $5\times\boxed{3}=15$	32÷6 $6\times\boxed{5}=30$	7÷2 $2\times\boxed{3}=6$
③	7÷3 $3\times\boxed{2}=6$	35÷8 $8\times\boxed{4}=32$	52÷9 $9\times\boxed{5}=45$
④	19÷4 $4\times\boxed{4}=16$	26÷3 $3\times\boxed{8}=24$	40÷6 $6\times\boxed{6}=36$
⑤	3÷2 $2\times\boxed{1}=2$	39÷4 $4\times\boxed{9}=36$	28÷3 $3\times\boxed{9}=27$
⑥	30÷4 $4\times\boxed{7}=28$	9÷2 $2\times\boxed{4}=8$	50÷8 $8\times\boxed{6}=48$
⑦	29÷5 $5\times\boxed{5}=25$	69÷7 $7\times\boxed{9}=63$	44÷5 $5\times\boxed{8}=40$
⑧	23÷6 $6\times\boxed{3}=18$	60÷9 $9\times\boxed{6}=54$	38÷7 $7\times\boxed{5}=35$
⑨	29÷4 $4\times\boxed{7}=28$	3÷5 $5\times\boxed{0}=0$	20÷8 $8\times\boxed{2}=16$
⑩	20÷6 $6\times\boxed{3}=18$	15÷2 $2\times\boxed{7}=14$	53÷6 $6\times\boxed{8}=48$

年　組　番　名前

12 あまりのあるわり算

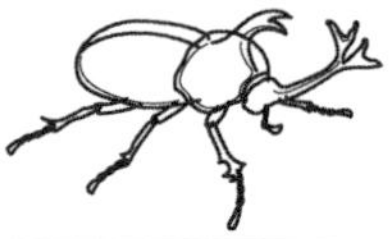

	○	●	✿
①	16÷5＝□あまり△	20÷3＝□あまり△	21÷4＝□あまり△
②	27÷6＝□あまり△	31÷7＝□あまり△	33÷5＝□あまり△
③	25÷3＝□あまり△	23÷6＝□あまり△	50÷6＝□あまり△
④	29÷4＝□あまり△	11÷2＝□あまり△	8÷5＝□あまり△
⑤	32÷5＝□あまり△	35÷9＝□あまり△	47÷8＝□あまり△
⑥	9÷8＝□あまり△	17÷3＝□あまり△	29÷7＝□あまり△
⑦	45÷6＝□あまり△	6÷4＝□あまり△	39÷9＝□あまり△
⑧	47÷7＝□あまり△	62÷8＝□あまり△	2÷3＝□あまり△
⑨	49÷8＝□あまり△	43÷9＝□あまり△	51÷9＝□あまり△
⑩	26÷7＝□あまり△	55÷8＝□あまり△	44÷9＝□あまり△

※目標《もくひょう》は１分で10問《もん》

12 あまりのあるわり算

年　組　番　名前

記録表《きろくひょう》

月／日	何こ	月／日	何こ	月／日	何こ	月／日	何こ
／		／		／		／	
／		／		／		／	
／		／		／		／	
／		／		／		／	
／		／		／		／	
／		／		／		／	

いくつできたか記録しましょう。

答え

	○	●	◎
①	16÷5＝3あまり1	20÷3＝6あまり2	21÷4＝5あまり1
②	27÷6＝4あまり3	31÷7＝4あまり3	33÷5＝6あまり3
③	25÷3＝8あまり1	23÷6＝3あまり5	50÷6＝8あまり2
④	29÷4＝7あまり1	11÷2＝5あまり1	8÷5＝1あまり3
⑤	32÷5＝6あまり2	35÷9＝3あまり8	47÷8＝5あまり7
⑥	9÷8＝1あまり1	17÷3＝5あまり2	29÷7＝4あまり1
⑦	45÷6＝7あまり3	6÷4＝1あまり2	39÷9＝4あまり3
⑧	47÷7＝6あまり5	62÷8＝7あまり6	2÷3＝0あまり2
⑨	49÷8＝6あまり1	43÷9＝4あまり7	51÷9＝5あまり6
⑩	26÷7＝3あまり5	55÷8＝6あまり7	44÷9＝4あまり8

年　組　番　名前

13 暗算《あんざん》

	○	●	◎
①	25＋50	73－41	24＋42
②	33＋43	65－32	46＋38
③	64＋25	98－17	29＋15
④	73＋21	87－63	48＋63
⑤	15＋54	47－25	55＋67
⑥	27＋53	84－28	85－31
⑦	76＋16	53－37	62－34
⑧	48＋80	45－19	53－18
⑨	90＋85	61－36	74－47
⑩	58＋70	80－15	91－62

13 暗算《あんざん》

年　組　番　名前

記録表《きろくひょう》

月／日	何こ	月／日	何こ	月／日	何こ	月／日	何こ
／		／		／		／	
／		／		／		／	
／		／		／		／	
／		／		／		／	
／		／		／		／	
／		／		／		／	

いくつできたか記録しましょう。

答え

	○	●	◎
①	25＋50＝75	73－41＝32	24＋42＝66
②	33＋43＝76	65－32＝33	46＋38＝84
③	64＋25＝89	98－17＝81	29＋15＝44
④	73＋21＝94	87－63＝24	48＋63＝111
⑤	15＋54＝69	47－25＝22	55＋67＝122
⑥	27＋53＝80	84－28＝56	85－31＝54
⑦	76＋16＝92	53－37＝16	62－34＝28
⑧	48＋80＝128	45－19＝26	53－18＝35
⑨	90＋85＝175	61－36＝25	74－47＝27
⑩	58＋70＝128	80－15＝65	91－62＝29

年　組　番　名前

14 100－□

	○	●	◎	✿
①	100－40	100－60	100－ 7	100－69
②	100－90	100－19	100－ 6	100－67
③	100－30	100－50	100－ 8	100－62
④	100－ 1	100－53	100－11	100－45
⑤	100－ 8	100－10	100－15	100－47
⑥	100－ 4	100－17	100－12	100－41
⑦	100－20	100－70	100－52	100－16
⑧	100－23	100－79	100－59	100－89
⑨	100－80	100－34	100－57	100－94
⑩	100－87	100－18	100－74	100－96

※１分間にどこまで言えるかな？　目標《もくひょう》は１分で40問《もん》

14 100－□

年　組　番　名前

記録表《きろくひょう》

月／日	何こ	月／日	何こ	月／日	何こ	月／日	何こ
／		／		／		／	
／		／		／		／	
／		／		／		／	
／		／		／		／	
／		／		／		／	
／		／		／		／	

いくつできたか記録しましょう。

答え

	○	●	◎	❁
①	100－40 60	100－60 40	100－ 7 93	100－69 31
②	100－90 10	100－19 81	100－ 6 94	100－67 33
③	100－30 70	100－50 50	100－ 8 92	100－62 38
④	100－ 1 99	100－53 47	100－11 89	100－45 55
⑤	100－ 8 92	100－10 90	100－15 85	100－47 53
⑥	100－ 4 96	100－17 83	100－12 88	100－41 59
⑦	100－20 80	100－70 30	100－52 48	100－16 84
⑧	100－23 77	100－79 21	100－59 41	100－89 11
⑨	100－80 20	100－34 66	100－57 43	100－94 6
⑩	100－87 13	100－18 82	100－74 26	100－96 4

年　組　番　名前

15 一つ上の位《くらい》，下の位

問題文《もんだいぶん》まで全部《ぜんぶ》言いましょう。

	○		◎
①	百　を10こ集《あつ》めると	⑬	千万を10こ集めると
②	千　を10こ集めると	⑭	百　を10こ集めると
③	十万を10こ集めると	⑮	百万を10こ集めると
④	千万を10こ集めると	⑯	1万を10倍《ばい》した数は
⑤	百万の1つ上の位は	⑰	千万を10倍した数は
⑥	千万の1つ上の位は	⑱	百万を10倍した数は
⑦	1万の1つ上の位は	⑲	千　を10倍した数は
⑧	1万の1つ下の位は	⑳	1万の10分の1の数は
⑨	1億《おく》の1つ下の位は	㉑	1億の10分の1の数は
⑩	十万の1つ下の位は	㉒	千　の10分の1の数は
⑪	千万の1つ下の位は	㉓	千万の10分の1の数は
⑫	百万の1つ下の位は	㉔	百万の10分の1の数は

			一	千	百	十	一	千	百	十	一
			億				万				

15 一つ上の位《くらい》，下の位

年　組　番　名前

記録表《きろくひょう》

月／日	何こ	月／日	何こ	月／日	何こ	月／日	何こ
／		／		／		／	
／		／		／		／	
／		／		／		／	
／		／		／		／	
／		／		／		／	
／		／		／		／	

いくつできたか記録しましょう。

答え

	○		◎
①	百　を10こ集《あつ》めると　千	⑬	千万を10こ集めると　1億
②	千　を10こ集めると　1万	⑭	百　を10こ集めると　千
③	十万を10こ集めると　百万	⑮	百万を10こ集めると　千万
④	千万を10こ集めると　1億《おく》	⑯	1万を10倍《ばい》した数は　十万
⑤	百万の1つ上の位は　千万	⑰	千万を10倍した数は　1億
⑥	千万の1つ上の位は　1億	⑱	百万を10倍した数は　千万
⑦	1万の1つ上の位は　十万	⑲	千　を10倍した数は　1万
⑧	1万の1つ下の位は　千	⑳	1万の10分の1の数は　千
⑨	1億の1つ下の位は　千万	㉑	1億の10分の1の数は　千万
⑩	十万の1つ下の位は　1万	㉒	千　の10分の1の数は　百
⑪	千万の1つ下の位は　百万	㉓	千万の10分の1の数は　百万
⑫	百万の1つ下の位は　十万	㉔	百万の10分の1の数は　十万

年　組　番　名前

16 整数《せいすう》の10倍《ばい》100倍　整数÷10

※はじめは○の通りだけくり返《かえ》しましょう。

	○	●	◎
①	7×10	20÷10	8×100
②	60×10	60÷10	30×100
③	70の10倍	300÷10	23の100倍
④	12の10倍	650÷10	10の100倍
⑤	312×10	900÷10	765×100
⑥	3721×10	520÷10	100×100
⑦	150の10倍	4500÷10	301×100
⑧	2700×10	8950÷10	721の100倍
⑨	1560の10倍	100÷10	5600×100
⑩	4050×10	1000÷10	4370×100

※１分間にどこまで言えるかな？　目標《もくひょう》は１分で30問《もん》

16 整数《せいすう》の10倍《ばい》100倍　整数÷10

年　　組　　番　　名前

記《き》録表《ろくひょう》

月／日	何こ	月／日	何こ	月／日	何こ	月／日	何こ
／		／		／		／	
／		／		／		／	
／		／		／		／	
／		／		／		／	
／		／		／		／	
／		／		／		／	

いくつできたか記録しましょう。

答え

	○	●	◎
①	7×10 70	20÷10 2	8×100 800
②	60×10 600	60÷10 6	30×100 3000
③	70の10倍 700	300÷10 30	23の100倍 2300
④	12の10倍 120	650÷10 65	10の100倍 1000
⑤	312×10 3120	900÷10 90	765×100 76500
⑥	3721×10 37210	520÷10 52	100×100 10000
⑦	150の10倍 1500	4500÷10 450	301×100 30100
⑧	2700×10 27000	8950÷10 895	721の100倍 72100
⑨	1560の10倍 15600	100÷10 10	5600×100 560000
⑩	4050×10 40500	1000÷10 100	4370×100 437000

年　組　番　名前

17 かけ算　何×0　何十×□　何百×□

※はじめは○の通りだけくり返《かえ》しましょう。

	○	●	◎	✿
①	8×0	40×4	10×9	2000×5
②	10×3	60×3	60×5	3000×0
③	10×7	90×0	70×6	4000×5
④	20×4	100×6	80×5	0×20
⑤	30×3	100×8	60×9	1000×8
⑥	20×1	200×1	40×8	100×7
⑦	20×5	300×2	30×0	200×9
⑧	20×3	200×7	50×3	9000×8
⑨	30×4	400×2	600×8	7000×6
⑩	90×2	300×5	300×7	4万×7

※1分間にどこまで言えるかな？　目標《もくひょう》は1分で40問《もん》

17 かけ算　何×0　何十×□　何百×□

年　組　番　名前

記《き》録《ろく》表《ひょう》

月／日	何こ	月／日	何こ	月／日	何こ	月／日	何こ
／		／		／		／	
／		／		／		／	
／		／		／		／	
／		／		／		／	
／		／		／		／	
／		／		／		／	

いくつできたか記録しましょう。

答え

	○	●	◎	❁
①	8×0 0	40×4 160	10×9 90	2000×5 10000
②	10×3 30	60×3 180	60×5 300	3000×0 0
③	10×7 70	90×0 0	70×6 420	4000×5 20000
④	20×4 80	100×6 600	80×5 400	0×20 0
⑤	30×3 90	100×8 800	60×9 540	1000×8 8000
⑥	20×1 20	200×1 200	40×8 320	100×7 700
⑦	20×5 100	300×2 600	30×0 0	200×9 1800
⑧	20×3 60	200×7 1400	50×3 150	9000×8 72000
⑨	30×4 120	400×2 800	600×8 4800	7000×6 42000
⑩	90×2 180	300×5 1500	300×7 2100	4万×7 28万

年　組　番　名前

18 □をもとめる式《しき》，答えとわけを言いましょう

	○	◎
①	□m □m □m 36m	□cm □cm □cm 60cm
②	□人 □人 □人 □人 □人 30人	9人 9人 9人 □人
③	9ひき 9ひき 9ひき 9ひき □ひき	□m □m □m □m 80m
④	8m 8m 8m 8m 8m 8m □m	10円 10円 10円 10円 10円 10円 10円 10円 □円
⑤	□m □m □m □m 48m	□円 □円 □円 69円

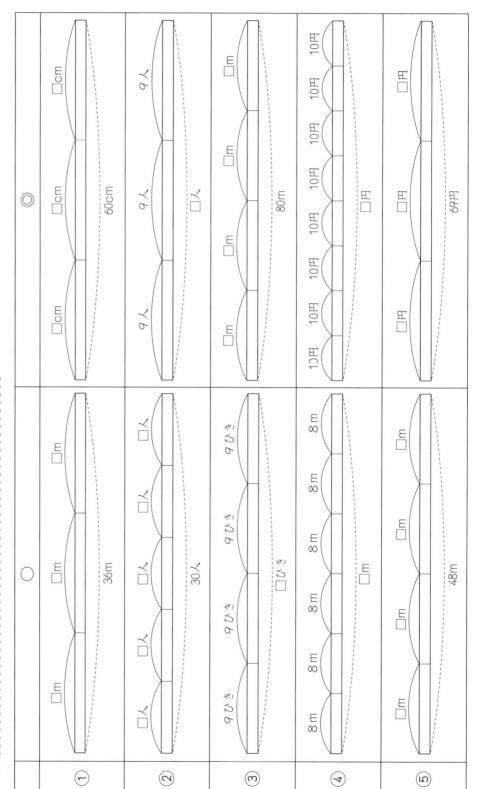

18 □をもとめる式《しき》，答えとわけを言いましょう

年　組　番　名前

答え

	○	◎
①	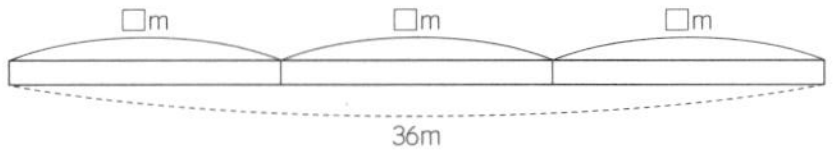 36mの３等分《とうぶん》だから36÷３＝12	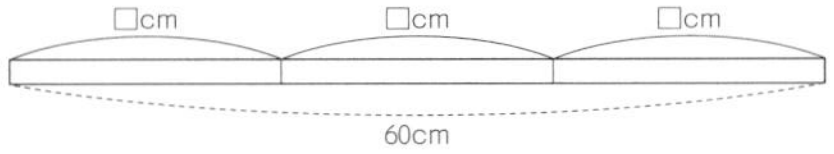 60cm の３等分だから60÷３＝20
②	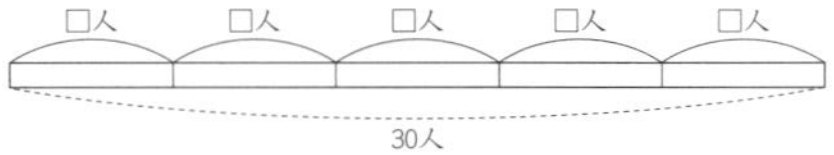 30人の５等分だから30÷５＝６	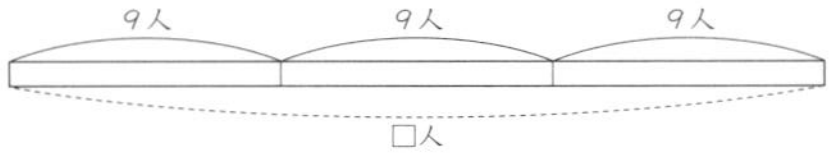 ９人の３つ分だから９×３＝27
③	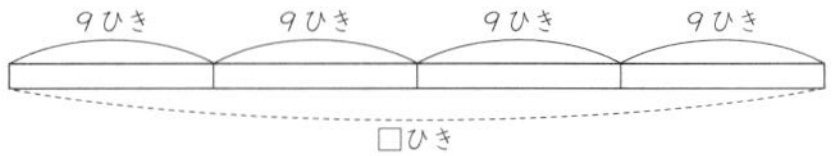 ９ひきの４つ分だから９×４＝36	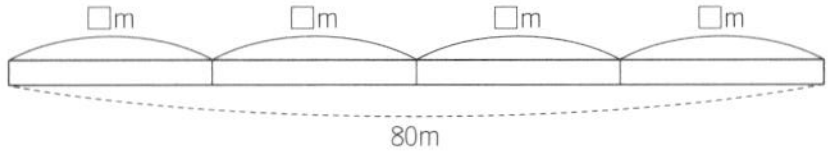 80mの４等分だから80÷４＝20
④	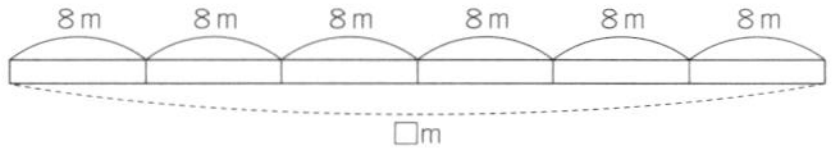 ８mの６つ分だから８×６＝48	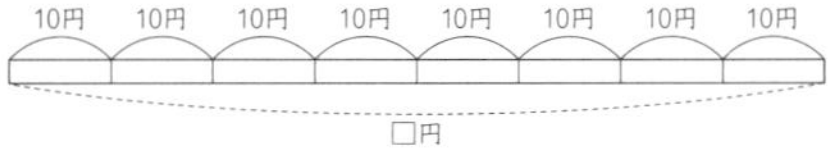 10円の８つ分だから10×８＝80
⑤	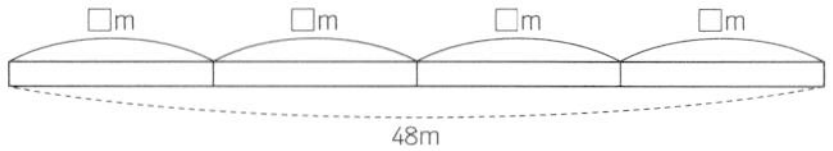 48mの４等分だから48÷４＝12	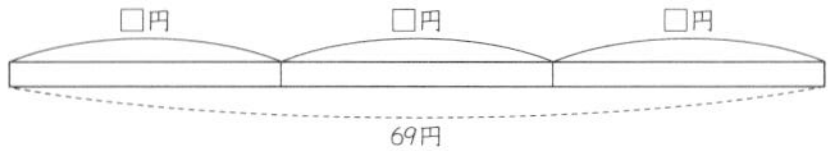 69円の３等分だから69÷３＝23

記録表《きろくひょう》

月／日	何こ	月／日	何こ
／		／	
／		／	
／		／	
／		／	
／		／	
／		／	
／		／	
／		／	
／		／	
／		／	
／		／	
／		／	

いくつできたか記録しましょう。

年　組　番　名前

19 たし算　ひき算　かけ算　わり算　混合《こんごう》

	○	●	◎	❁
①	3×6	36÷3	9＋4	1200＋300
②	6×7	11－2	6＋8	700＋900
③	4×7	12－4	8＋9	1200－700
④	8×8	20－3	7＋4	1100－300
⑤	7×6	19－7	13＋6	9×100
⑥	12÷3	12－6	23＋5	80×100
⑦	20÷4	0×4	9 ＋60	70×5
⑧	35÷5	10×7	18＋3	40×9
⑨	18÷2	14×10	900＋2	20×6
⑩	40÷2	20×0	600＋400	30×8

※１分間にどこまで言えるかな？　目標《もくひょう》は１分で40問《もん》

年　組　番　名前

記録表《きろくひょう》

月／日	何こ	月／日	何こ	月／日	何こ	月／日	何こ
／		／		／		／	
／		／		／		／	
／		／		／		／	
／		／		／		／	
／		／		／		／	
／		／		／		／	

いくつできたか記録しましょう。

答え

	○	●	◎	✿
①	3×6 18	36÷3 12	9+4 13	1200+300 1500
②	6×7 42	11−2 9	6+8 14	700+900 1600
③	4×7 28	12−4 8	8+9 17	1200−700 500
④	8×8 64	20−3 17	7+4 11	1100−300 800
⑤	7×6 42	19−7 12	13+6 19	9×100 900
⑥	12÷3 4	12−6 6	23+5 28	80×100 8000
⑦	20÷4 5	0×4 0	9+60 69	70×5 350
⑧	35÷5 7	10×7 70	18+3 21	40×9 360
⑨	18÷2 9	14×10 140	900+2 902	20×6 120
⑩	40÷2 20	20×0 0	600+400 1000	30×8 240

年　組　番　名前

20 分数　どれだけ入っていますか

1Ｌのマスにジュースがどれだけ入っていますか。

	○　わけと分数を言います		●	◎
①	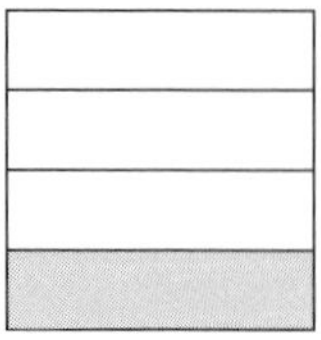	1Ｌのかさを ○等分《とうぶん》した□こ分 だから$\frac{\square}{\square}$L	 $\frac{\square}{\square}$L	 $\frac{\square}{\square}$L
②		だから$\frac{\square}{\square}$L	 $\frac{\square}{\square}$L	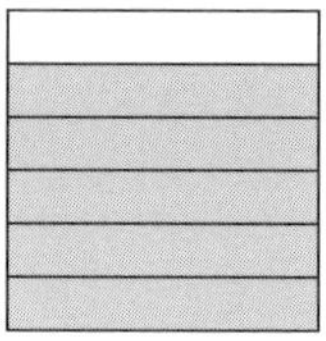 $\frac{\square}{\square}$L
③		だから$\frac{\square}{\square}$L	 $\frac{\square}{\square}$L	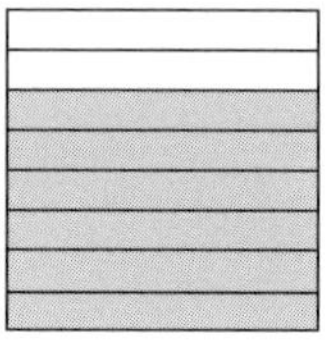 $\frac{\square}{\square}$L
④	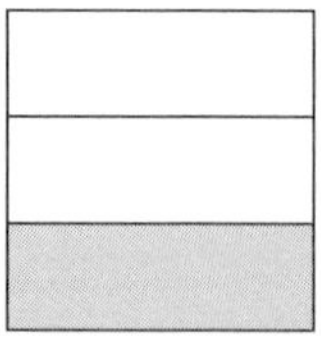	だから$\frac{\square}{\square}$L	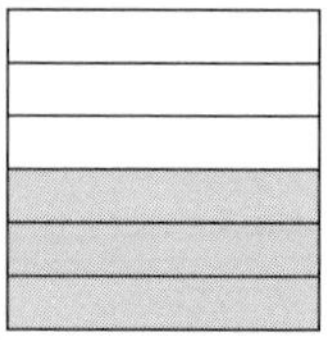 $\frac{\square}{\square}$L	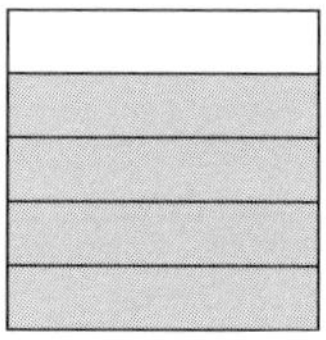 $\frac{\square}{\square}$L
⑤	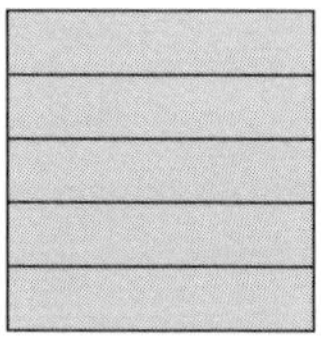	だから$\frac{\square}{\square}$L	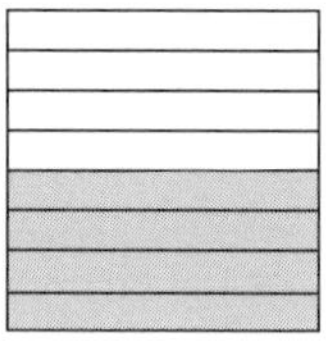 $\frac{\square}{\square}$L	 $\frac{\square}{\square}$L
⑥	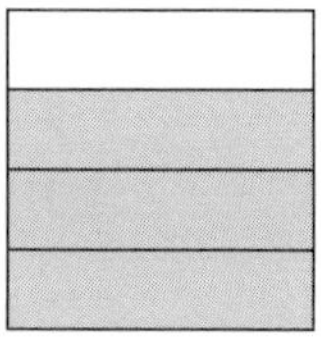	だから$\frac{\square}{\square}$L	 $\frac{\square}{\square}$L	 $\frac{\square}{\square}$L

20 分数　どれだけ入っていますか

年　組　番　名前

記録表《きろくひょう》

月／日	何こ	月／日	何こ	月／日	何こ	月／日	何こ
／		／		／		／	
／		／		／		／	
／		／		／		／	
／		／		／		／	
／		／		／		／	
／		／		／		／	

いくつできたか記録しましょう。

答え

	○	●	◎
①	 １Ｌのかさを４等分した１こ分だから $\frac{1}{4}$L	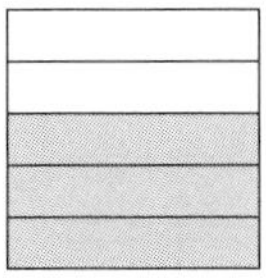 $\frac{3}{5}$L	 $\frac{1}{2}$L
②	 １Ｌのかさを２等分した１こ分だから $\frac{1}{2}$L	 $\frac{1}{3}$L	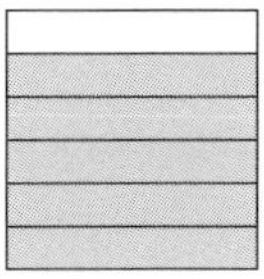 $\frac{5}{6}$L
③	 １Ｌのかさを３等分した２こ分だから $\frac{2}{3}$L	 $\frac{3}{3}$L（１L）	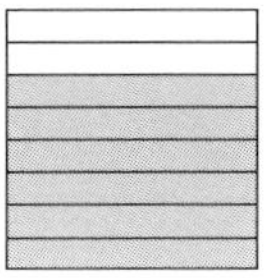 $\frac{6}{8}$L
④	 １Ｌのかさを３等分した１こ分だから $\frac{1}{3}$L	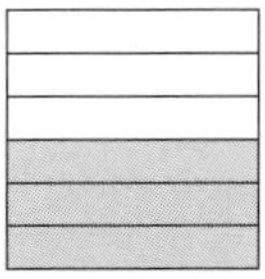 $\frac{3}{6}$L	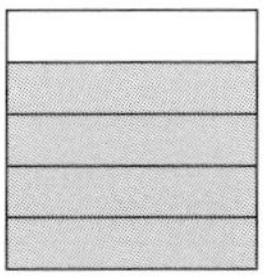 $\frac{4}{5}$L
⑤	 １Ｌのかさを５等分した５こ分だから $\frac{5}{5}$L（１L）	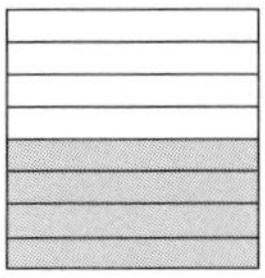 $\frac{4}{8}$L	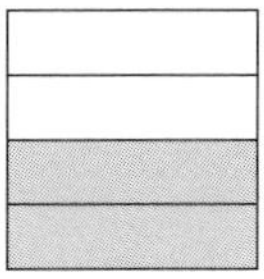 $\frac{2}{4}$L
⑥	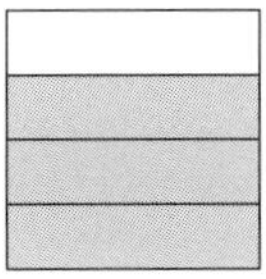 １Ｌのかさを４等分した３こ分だから $\frac{3}{4}$L	 $\frac{2}{3}$L	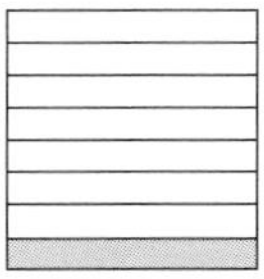 $\frac{1}{8}$L

年　組　番　名前

21 分数　大きさを分数で言いましょう

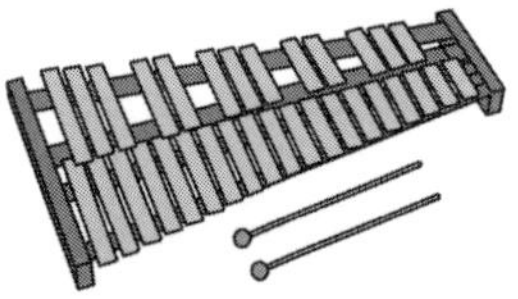

文も読みましょう。

○	●

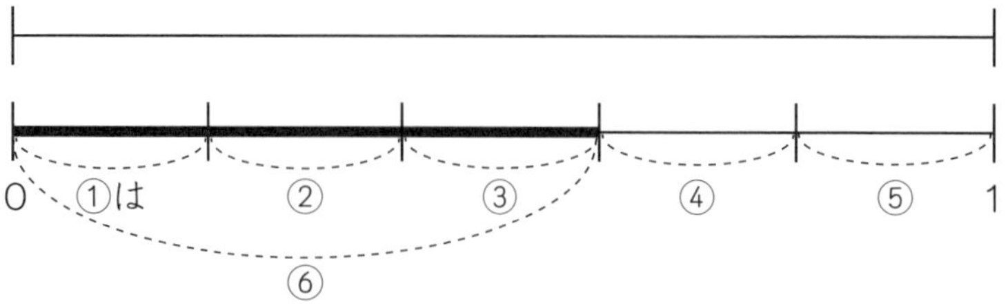
0
①は
②
③
④
⑤
1
⑥

を1とします。

※番号《ばんごう》を言います。

⑦

$\frac{4}{5}$は$\frac{1}{5}$を（　）こ集《あつ》めた数です。

⑧

を1とします。

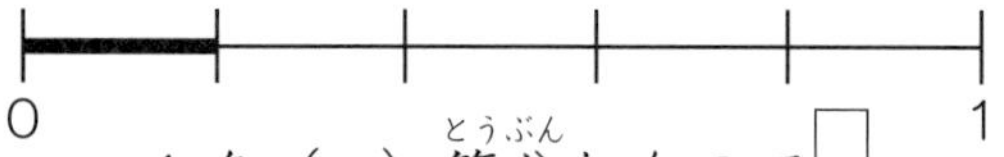
0
1

1を（　）等分《とうぶん》したので$\frac{\square}{\square}$

⑨

0
1

$\frac{\square}{\square}$が（　）こ分だから$\frac{\square}{\square}$

⑩

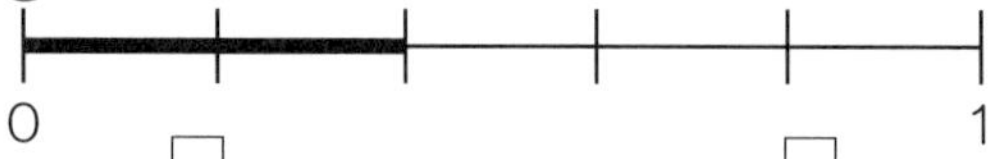
0
1

$\frac{\square}{\square}$が（　）こ分だから$\frac{\square}{\square}$

⑪

0
1

$\frac{\square}{\square}$が（　）こ分だから$\frac{\square}{\square}$または（　）

⑫

1の中には$\frac{1}{6}$は（　）こあります。

⑬

0
1

$\frac{\square}{\square}$が（　）こ分だから$\frac{\square}{\square}$

⑭

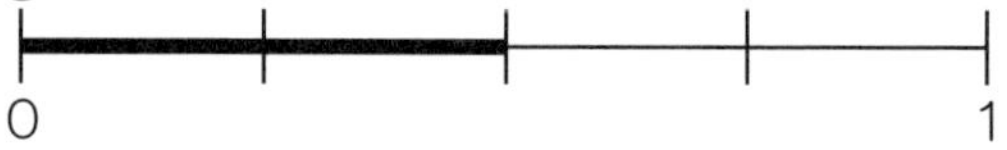
0
1

$\frac{\square}{\square}$が（　）こ分だから$\frac{\square}{\square}$

⑮

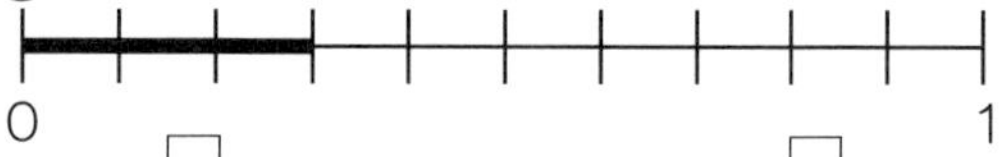
0
1

$\frac{\square}{\square}$が（　）こ分だから$\frac{\square}{\square}$

⑯

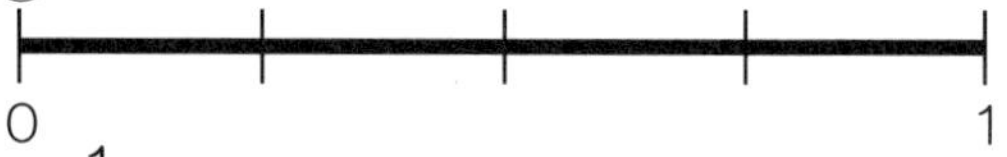
0
1

$\frac{1}{4}$が4こで（　）になります。

⑰

0
1

$\frac{\square}{\square}$が（　）こ分だから$\frac{\square}{\square}$

⑱

$\frac{1}{10}$を（　）こ集めると1になります。

21 分数　大きさを分数で言いましょう　年　組　番　名前

記録表《きろくひょう》

月／日	何こ	月／日	何こ	月／日	何こ	月／日	何こ
／		／		／		／	
／		／		／		／	
／		／		／		／	
／		／		／		／	
／		／		／		／	
／		／		／		／	

いくつできたか記録しましょう。

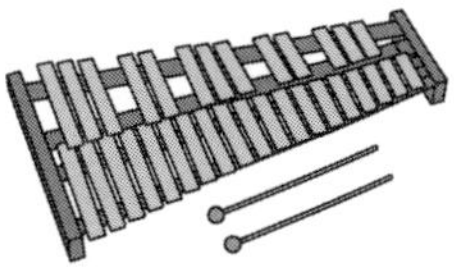

答え

○	●

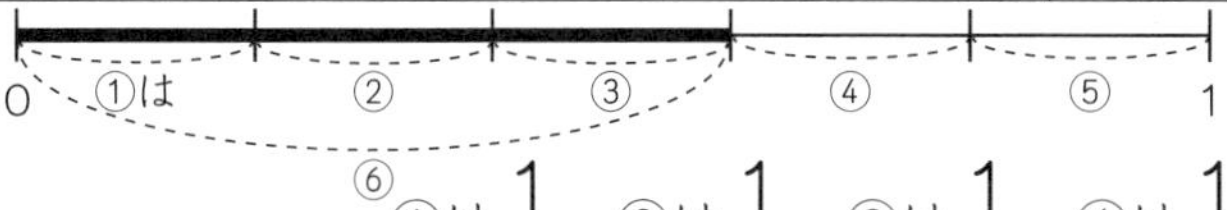

①は$\frac{1}{5}$　②は$\frac{1}{5}$　③は$\frac{1}{5}$　④は$\frac{1}{5}$　⑤は$\frac{1}{5}$　⑥は$\frac{3}{5}$

⑦ $\frac{4}{5}$は$\frac{1}{5}$を（4）こ集《あつ》めた数です。

⑧
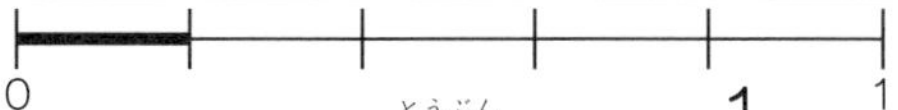

1を（5）等分《とうぶん》したので$\frac{1}{5}$

⑨

$\frac{1}{5}$が（4）こ分だから$\frac{4}{5}$

⑩

$\frac{1}{5}$が（2）こ分だから$\frac{2}{5}$

⑪

$\frac{1}{5}$が（5）こ分だから$\frac{5}{5}$または（1）

⑫ 1の中には$\frac{1}{6}$は（6）こあります。

⑬

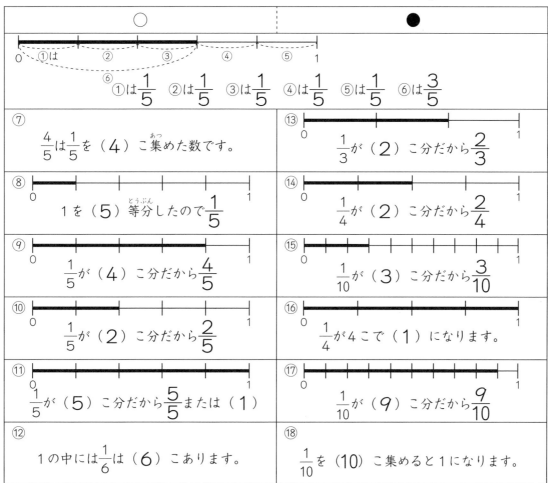

$\frac{1}{3}$が（2）こ分だから$\frac{2}{3}$

⑭

$\frac{1}{4}$が（2）こ分だから$\frac{2}{4}$

⑮
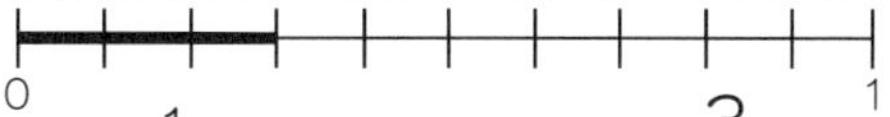

$\frac{1}{10}$が（3）こ分だから$\frac{3}{10}$

⑯

$\frac{1}{4}$が4こで（1）になります。

⑰

$\frac{1}{10}$が（9）こ分だから$\frac{9}{10}$

⑱ $\frac{1}{10}$を（10）こ集めると1になります。

年　組　番　名前

22 小数　0.1がいくつで□

は1，は0.1です。

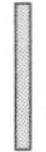

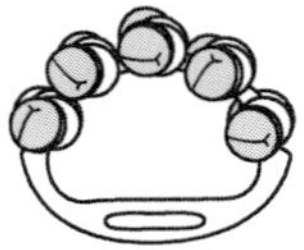

○	●	◎ 文を読みます。
①  を10こに分けた１つは（　　） 	⑦ 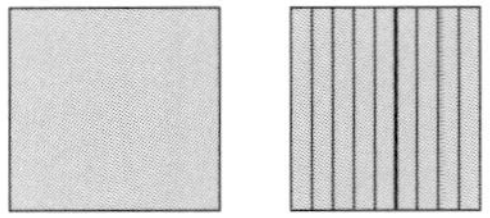	⑬ 1.3は，１と（　　）をあわせた数です。 ⑭ 2.7は，２と（　　）をあわせた数です。
②  0.1が4《よっ》つで（　　） 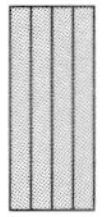	⑧ 	⑮ 4.1は，４と（　　）をあわせた数です。 ⑯ １は，0.1を（　　）こ集めた数です。
③  0.1が8《やっ》つで（　　） 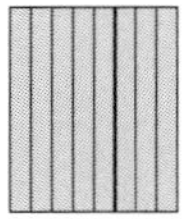	⑨ 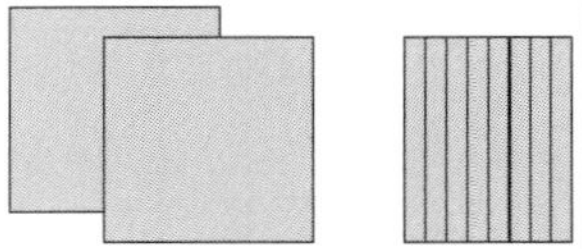	⑰ ２は，0.1を（　　）こ集めた数です。 ⑱ 2.3は，0.1が（　　　）こです。
④  0.1が10こで（　　） 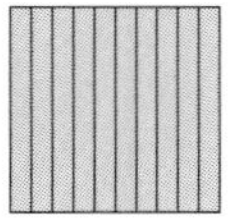	⑩ 0.1が2つで（　　） 	⑲ 5.7は，0.1が（　　　）こです。 ⑳ 10.4は，0.1が（　　　）こです。
⑤ 	⑪ 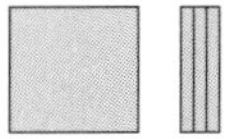 1.3は0.1が（　）こ	㉑ 1.7は，１と　0.1が（　　　）こです。 ㉒ 4.3は，４と　0.1が（　　　）こです。
⑥ 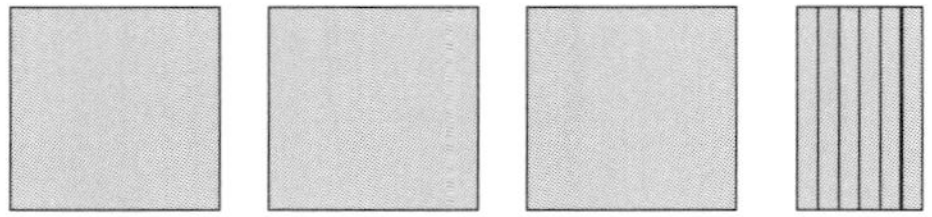	⑫  ２は0.1が（　）こ	㉓ 7.3は，0.1が（　　　）こです。 ㉔ 10は，0.1を（　　）こ集めた数です。

22 小数　0.1がいくつで□

答え

○	●	◎
① 1 を10こに分けた１つは　0.1	⑦ 1.9	⑬ 1.3は，１と 0.3 をあわせた数です。 ⑭ 2.7は，２と 0.7 をあわせた数です。
② 0.1が4《よっ》つで　0.4	⑧ 4.1	⑮ 4.1は，４と 0.1 をあわせた数です。 ⑯ １は，0.1を 10 こ集めた数です。
③ 0.1が8《やっ》つで　0.8	⑨ 2.8	⑰ ２は，0.1を 20 こ集めた数です。 ⑱ 2.3は，0.1が 23 こです。
④ 0.1が10こで　1	⑩ 0.1が2つで　0.2	⑲ 5.7は，0.1が 57 こです。 ⑳ 10.4は，0.1が 104 こです。
⑤ 2.5	⑪ 1.3は0.1が（　）こ　13こ	㉑ 1.7は，１と　0.1が 7 こです。 ㉒ 4.3は，４と　0.1が 3 こです。
⑥ 3.6	⑫ ２は0.1が（　）こ　20こ	㉓ 7.3は，0.1が 73 こです。 ㉔ 10は，0.1を 100 こ集めた数です。

年　組　番　名前

記録表《きろくひょう》

月／日	何こ	月／日	何こ
／		／	
／		／	
／		／	
／		／	
／		／	
／		／	
／		／	
／		／	
／		／	
／		／	
／		／	
／		／	

いくつできたか記録しましょう。

年　組　番　名前

23 分数と小数 $\frac{1}{10}=0.1$

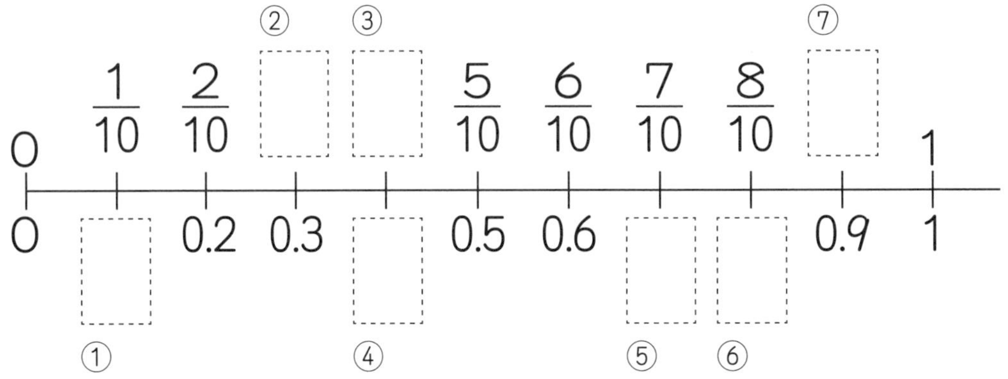

小数で言いましょう。

⑧ $\frac{3}{10}=$　⑨ $\frac{5}{10}=$　⑩ $\frac{2}{10}=$　⑪ $\frac{7}{10}=$

分数で言いましょう。

⑫ 0.1=　⑬ 0.6=　⑭ 0.9=　⑮ 0.3=

大きいほうを，または「等《ひと》しい」と言いましょう。

⑯ $\left[0.1 \quad \frac{2}{10}\right]$　⑰ $\left[1 \quad \frac{2}{10}\right]$　⑱ $\left[0.7 \quad \frac{8}{10}\right]$

⑲ $\left[1.1 \quad \frac{10}{10}\right]$　⑳ $\left[0.5 \quad \frac{5}{10}\right]$　㉑ $\left[1 \quad \frac{9}{10}\right]$

分数で言いましょう。

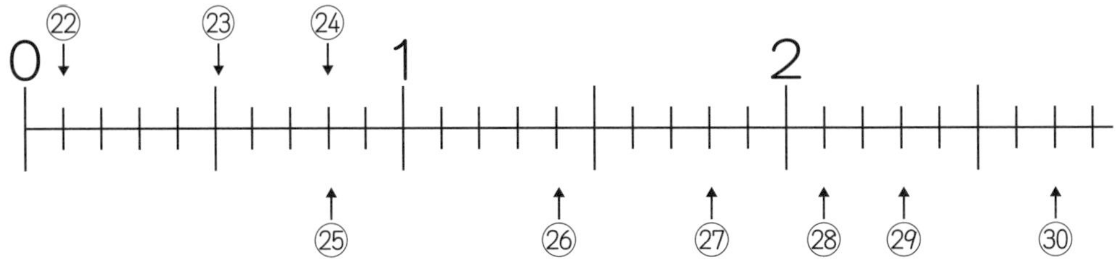

小数で言いましょう。

23 分数と小数 $\frac{1}{10}=0.1$

年　組　番　名前

記録表《きろくひょう》

月／日	何こ	月／日	何こ	月／日	何こ	月／日	何こ
／		／		／		／	
／		／		／		／	
／		／		／		／	
／		／		／		／	
／		／		／		／	
／		／		／		／	

いくつできたか記録しましょう。

答え

0　$\frac{1}{10}$　$\frac{2}{10}$　② $\frac{3}{10}$　③ $\frac{4}{10}$　$\frac{5}{10}$　$\frac{6}{10}$　$\frac{7}{10}$　$\frac{8}{10}$　⑦ $\frac{9}{10}$　1

0　① 0.1　0.2　0.3　④ 0.4　0.5　0.6　⑤ 0.7　⑥ 0.8　0.9　1

小数で言いましょう。

⑧ $\frac{3}{10}=0.3$　⑨ $\frac{5}{10}=0.5$　⑩ $\frac{2}{10}=0.2$　⑪ $\frac{7}{10}=0.7$

分数で言いましょう。

⑫ $0.1=\frac{1}{10}$　⑬ $0.6=\frac{6}{10}$　⑭ $0.9=\frac{9}{10}$　⑮ $0.3=\frac{3}{10}$

大きいほうを，または「等《ひと》しい」と言いましょう。

⑯ 0.1　(○ $\frac{2}{10}$)　⑰ (○ 1)　$\frac{2}{10}$　⑱ 0.7　(○ $\frac{8}{10}$)

⑲ (○ 1.1)　$\frac{10}{10}$　⑳ 0.5　$\frac{5}{10}$　等しい　㉑ (○ 1)　$\frac{9}{10}$

分数で言いましょう。

0　㉒ $\frac{1}{10}$　㉓ $\frac{5}{10}$　㉔ $\frac{8}{10}$　1　2

㉕ 0.8　㉖ 1.4　㉗ 1.8　㉘ 2.1　㉙ 2.3　㉚ 2.7

小数で言いましょう。

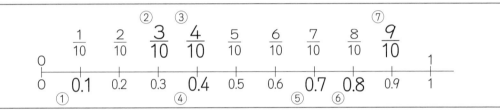

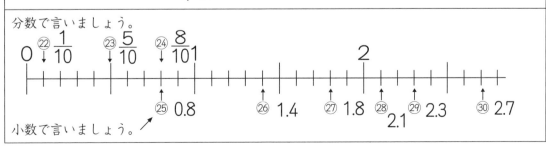

年　組　番　名前

24 小数　小数のたし算ひき算

言葉《ことば》も読みます。はじめは○の通りだけくり返《かえ》しましょう。

	○	●	◎	✿
①	0.1が８こで□	0.4＋0.5	3.5＋0.5	10＋0.3
②	0.1が10こで□	0.8＋0.2	1.9＋0.7	2＋1.5
③	0.1が15こで□	0.6＋0.7	4＋0.8	2＋1.8
④	0.1が20こで□	0.8＋2	5.7＋0.7	0.6＋0.6
⑤	0.1が28こで□	3＋0.1	3.6＋2	0.3＋0.8
⑥	1は0.1が□こ	0.8－0.4	2－0.3	1.1－0.7
⑦	2.3は0.1が□こ	0.6－0.1	6.9－6	1.6－0.8
⑧	1.3は0.1が□こ	1－0.1	7.2－2	1.1－0.9
⑨	2は0.1が□こ	1.5－0.9	1.8－0.9	3－0.7
⑩	4.1は0.1が□こ	3.4－0.5	1.6－0.6	10－0.2

※１分間にどこまで言えるかな？　目標《もくひょう》は１分で40問《もん》

24 小数　小数のたし算ひき算

年　組　番　名前

記《き》録《ろく》表《ひょう》

月／日	何こ	月／日	何こ	月／日	何こ	月／日	何こ
／		／		／		／	
／		／		／		／	
／		／		／		／	
／		／		／		／	
／		／		／		／	
／		／		／		／	

いくつできたか記録しましょう。

答え

	○	●	◎	✿
①	0.1が8こで□ 0.8	0.4＋0.5 0.9	3.5＋0.5 4	10＋0.3 10.3
②	0.1が10こで□ 1	0.8＋0.2 1	1.9＋0.7 2.6	2＋1.5 3.5
③	0.1が15こで□ 1.5	0.6＋0.7 1.3	4＋0.8 4.8	2＋1.8 3.8
④	0.1が20こで□ 2	0.8＋2 2.8	5.7＋0.7 6.4	0.6＋0.6 1.2
⑤	0.1が28こで□ 2.8	3＋0.1 3.1	3.6＋2 5.6	0.3＋0.8 1.1
⑥	1は0.1が□こ 10こ	0.8－0.4 0.4	2－0.3 1.7	1.1－0.7 0.4
⑦	2.3は0.1が□こ 23こ	0.6－0.1 0.5	6.9－6 0.9	1.6－0.8 0.8
⑧	1.3は0.1が□こ 13こ	1－0.1 0.9	7.2－2 5.2	1.1－0.9 0.2
⑨	2は0.1が□こ 20こ	1.5－0.9 0.6	1.8－0.9 0.9	3－0.7 2.3
⑩	4.1は0.1が□こ 41こ	3.4－0.5 2.9	1.6－0.6 1	10－0.2 9.8

年　組　番　名前

25 小数　長さを小数で表《あらわ》す

の長さは，何 cm 何 mm ですか。また，何 cm ですか。小数で表しましょう。

	○		●
①	□cm□mm＝□cm 	⑥	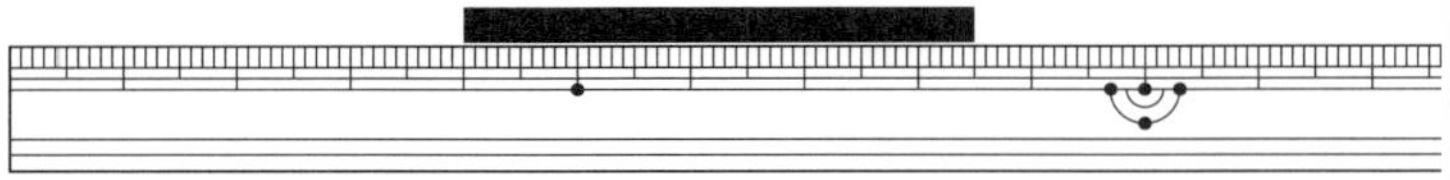
②	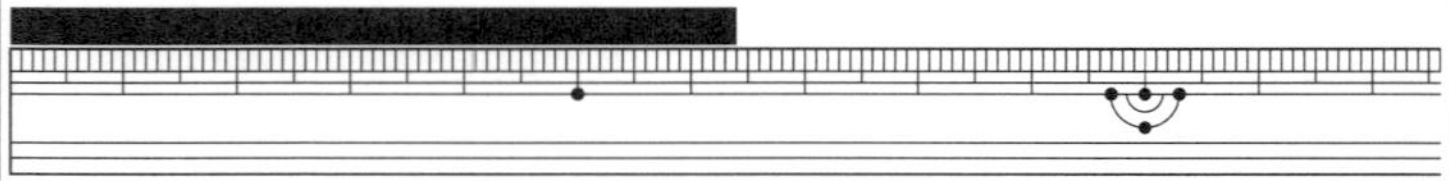	⑦	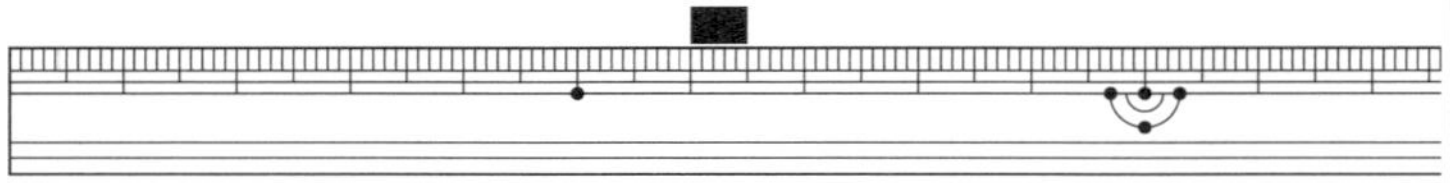
③		⑧	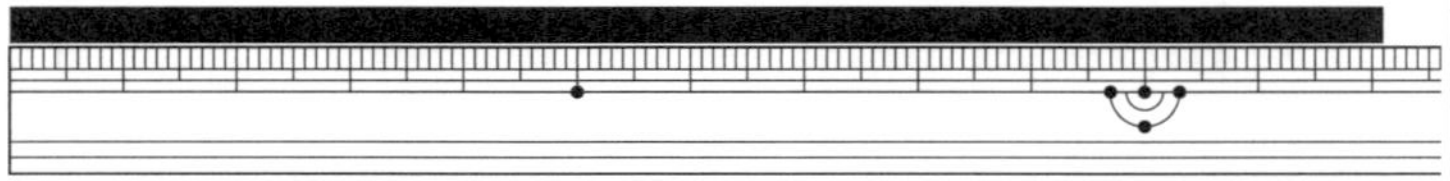
④	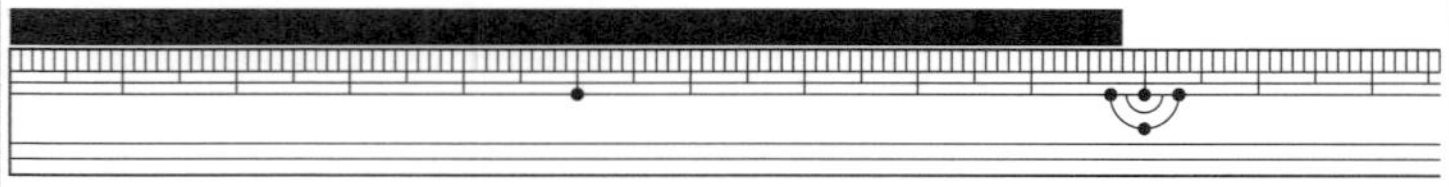	⑨	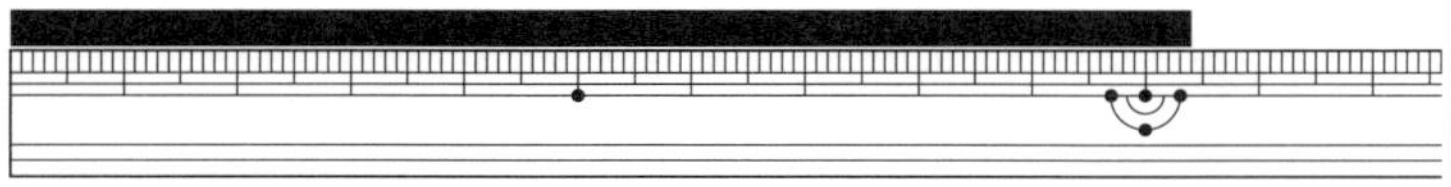
⑤	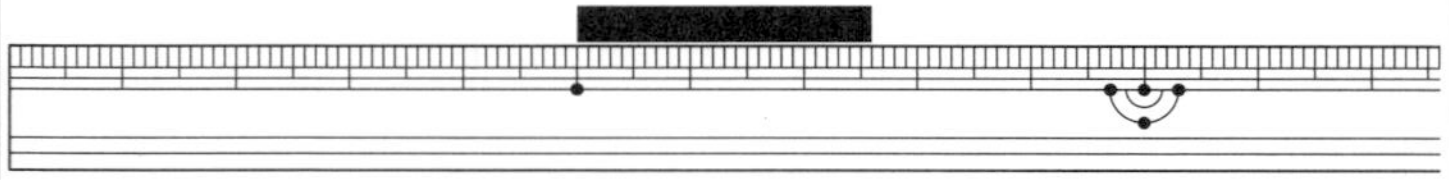	⑩	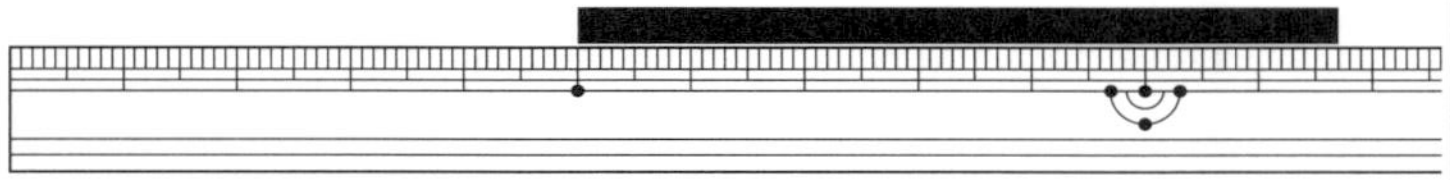

※１分間にどこまで言えるかな？　目標《もくひょう》は１分で15問《もん》　※実《じっ》さいの物さしより少ししゅく小されています。　A3で印刷すると見やすい。

25 小数　長さを小数で表《あらわ》す

年　組　番　名前

答え

	○		●
①	3 cm 7 mm ＝3.7cm	⑥	4 cm 5 mm ＝4.5cm
②	6 cm 4 mm ＝6.4cm	⑦	5 mm ＝0.5cm
③	4 cm 2 mm ＝4.2cm	⑧	12cm 1 mm ＝12.1cm
④	9 cm 8 mm ＝9.8cm	⑨	10cm 4 mm ＝10.4cm
⑤	2 cm 6 mm ＝2.6cm	⑩	6 cm 7 mm ＝6.7cm

記《き》録《ろく》表《ひょう》

月／日	何こ	月／日	何こ
／		／	
／		／	
／		／	
／		／	
／		／	
／		／	
／		／	
／		／	
／		／	
／		／	
／		／	
／		／	

いくつできたか記録しましょう。

年　組　番　名前

26 たんいの言いかえ　km　m　cm

	○	●	◎　長さのたんいを言いましょう。
①	1 km ＝□m	3000m ＝□ km	プールのたて　25□
②	2 km ＝□m	100cm ＝□m	教科書のあつさ　5□
③	1000m ＝□ km	300cm ＝□m	遠足で歩くきょり　8□
④	4000m ＝□ km	160cm ＝□m□ cm	はがきのたて　15□
⑤	1100m ＝□ km □m	1 m ＝□ cm	つめのはば　9□
⑥	3400m ＝□ km □m	1 km ＝□m	つくえの高さ　60□
⑦	1060m ＝□ km □m	1 m60cm ＝100＋□だから□ cm	黒板《こくばん》の横《よこ》はば　4□
⑧	2090m ＝□ km □m	2 m 8 cm ＝□＋□だから□ cm	米つぶ　8□
⑨	1 km200m ＝□＋200だから□m	3 m 6 cm ＝□＋□だから□ cm	リコーダーの長さ　30□
⑩	2 km80m ＝□＋□だから□m	3 m45cm ＝□＋□だから□ cm	1円玉の直けい　20□

※1分間にどこまで言えるかな？　目標《もくひょう》は1分で30問《もん》

26 たんいの言いかえ　km　m　cm

年　組　番　名前

答え

	○	●	◎
①	1 km ＝□m 1000m	3000m＝□ km 3 km	プールのたて　25□ 25m
②	2 km ＝□m 2000m	100cm ＝□m 1 m	教科書のあつさ　5□ 5 mm
③	1000m＝□ km 1 km	300cm ＝□m 3 m	遠足で歩くきょり　8□ 8 km
④	4000m＝□ km 4km	160cm ＝□m□ cm 1 m60cm	はがきのたて　15□ 15cm
⑤	1100m＝□ km □m 1 km100m	1 m＝□ cm 100cm	つめのはば　9□ 9 mm
⑥	3400m＝□ km □m 3km400m	1 km ＝□m 1000m	つくえの高さ　60□ 60cm
⑦	1060m＝□ km □m 1 km60m	1 m60cm ＝100＋□だから□ cm 100＋60だから160cm	黒板《こくばん》の横《よこ》はば　4□ 4 m
⑧	2090m＝□ km □m 2 km90m	2 m 8 cm ＝□＋□だから□ cm 200＋8だから208cm	米つぶ8□ 8 mm
⑨	1 km200m＝□＋200だから□m 1000＋200だから1200m	3 m 6 cm ＝□＋□だから□ cm 300＋6だから306cm	リコーダーの長さ　30□ 30cm
⑩	2 km80m＝□＋□だから□m 2000＋80だから2080m	3 m45cm ＝□＋□だから□ cm 300＋45だから345cm	1円玉の直けい　20□ 20mm

記録表《きろくひょう》

月／日	何こ	月／日	何こ
／		／	
／		／	
／		／	
／		／	
／		／	
／		／	
／		／	
／		／	
／		／	
／		／	
／		／	
／		／	

いくつできたか記録しましょう。

年　組　番　名前

27 ふさわしいたんい

（　）にたんいを入れて答えましょう。

	長さ（mm　cm　m　km）		時間（秒《びょう》　分　時間）		かさ（mL　dL　L）	
	○		●		◎	
①	プールのたて	25（　）	1時間は	60（　）	牛にゅうびん1本のかさ	200（　）
②	はがきのたて	15（　）	1日は	24（　）	牛にゅうびん1本のかさ	2（　）
③	学校のろうかの長さ	80（　）	1分は	60（　）	牛にゅうパック1本のかさ	1000（　）
④	てつぼうの高さ	80（　）			牛にゅうパック1本のかさ	1（　）
⑤	教科書のあつさ	5（　）			ふろに入れる水のかさ	250（　）
⑥	富士山《ふじさん》の高さ	3776（　）			かんジュース1本のかさ	250（　）
⑦	運動場《うんどうじょう》1しゅうの長さ	250（　）			バケツの水のかさ	6（　）
⑧	一円玉の直けい	2（　）			ペットボトルのお茶のかさ	500（　）
⑨	大阪《おおさか》から東京《とうきょう》まで	550（　）			プリンのかさ	90（　）

→身近な地名に変えるとよい。

27 ふさわしいたんい

年　組　番　名前

答え

	○	●	◎
①	プールのたて 25m	1時間は 60分	牛にゅうびん1本のかさ 200mL
②	はがきのたて 15cm	1日は 24時間	牛にゅうびん1本のかさ 2dL
③	学校のろうかの長さ 80m	1分は 60秒《びょう》	牛にゅうパック1本のかさ 1000mL
④	てつぼうの高さ 80cm		牛にゅうパック1本のかさ 1L
⑤	教科書のあつさ 5mm		ふろに入れる水のかさ 250L
⑥	富士山《ふじさん》の高さ 3776m		かんジュース1本のかさ 250mL
⑦	運動場《うんどうじょう》1しゅうの長さ 250m		バケツの水のかさ 6L
⑧	一円玉の直けい 2cm		ペットボトルのお茶のかさ 500mL
⑨	大阪《おおさか》から東京《とうきょう》まで 550km		プリンのかさ 90mL

記録表《きろくひょう》

月／日	何こ	月／日	何こ
／		／	
／		／	
／		／	
／		／	
／		／	
／		／	
／		／	
／		／	
／		／	
／		／	
／		／	
／		／	

いくつできたか記録しましょう。

年　組　番　名前

28 □時まであと何分

「□《なん》時まで」も言いましょう。

	○	●	◎
①	 10時まで あと　　分	 8時まで あと　　分	 ⇨  4時35分から　5時10分まで ＋　＝　だから　　分
②	 6時まで あと　　分	 4時まで あと　　分	 ⇨  8時45分から　9時15分まで だから　　分
③	 11時まで あと　　分	 7時まで あと　　分	 ⇨  9時55分から　10時15分まで だから　　分
④	 3時まで あと　　分	 10時まで あと　　分	 ⇨  12時30分から　1時20分まで だから　　分

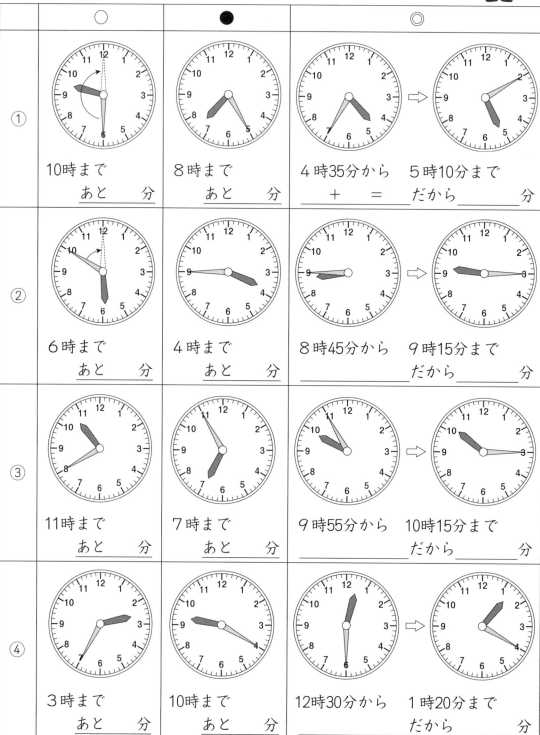

28 □時まであと何分

年　組　番　名前

記《き》録《ろく》表《ひょう》

月／日	何こ	月／日	何こ	月／日	何こ	月／日	何こ
／		／		／		／	
／		／		／		／	
／		／		／		／	
／		／		／		／	
／		／		／		／	
／		／		／		／	

いくつできたか記録しましょう。

答え

	○	●	◎
①	 10時まで30分	 8時まで35分	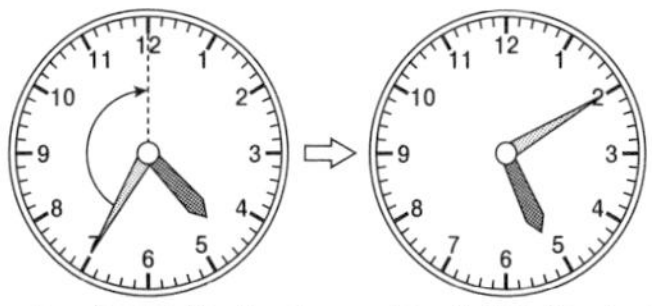 4時35分から　5時10分まで 25＋10＝35だから　35分
②	 6時まで10分	 4時まで15分	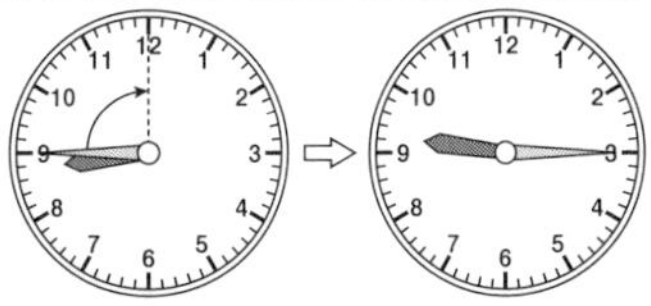 8時45分から　9時15分まで 15＋15＝30だから　30分
③	 11時まで20分	 7時まで5分	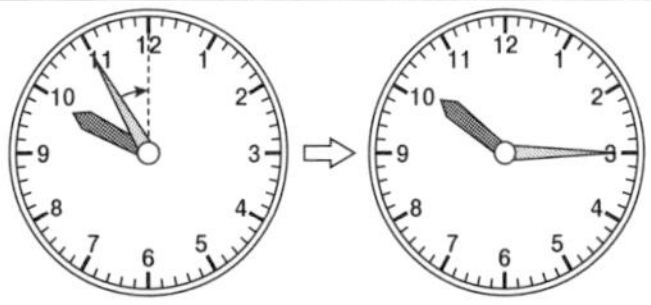 9時55分から　10時15分まで 5＋15＝20だから　20分
④	 3時まで25分	 10時まで40分	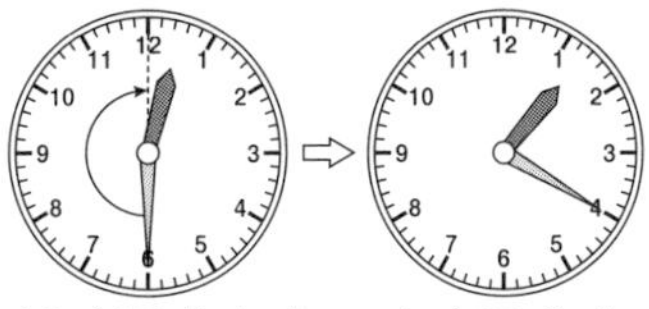 12時30分から　1時20分まで 30＋20＝50だから　50分

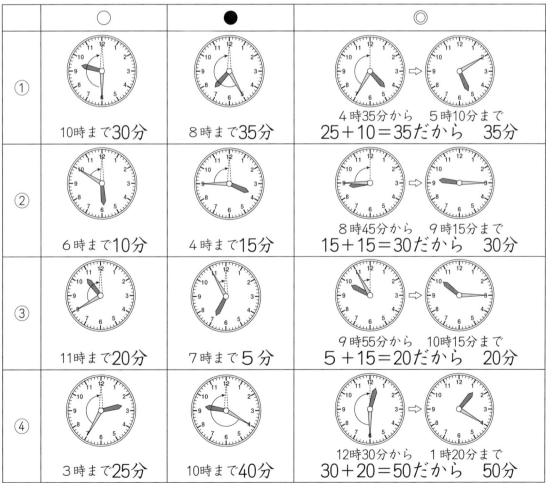

年　組　番　名前

29 □分後《なんぷんご》，□分前の時こく

“○分後”は次《つぎ》に進《すす》みます。“○分前”はもどります。

○	●	◎	❀
 １時40分から ① 30分後は 時　分 ② 40分後は 時　分	 ４時50分から ⑦ 30分後は 時　分 ⑧ 25分後は 時　分	 ２時20分の ⑬ 30分前は 時　分 ⑭ 40分前は 時　分	 ５時５分の ⑲ 30分前は 時　分 ⑳ 40分前は 時　分
 ２時50分から ③ 30分後は 時　分 ④ 40分後は 時　分	 ７時35分から ⑨ 30分後は 時　分 ⑩ 40分後は 時　分	 10時15分の ⑮ 30分前は 時　分 ⑯ 20分前は 時　分	 ４時10分の ㉑ 40分前は 時　分 ㉒ 50分前は 時　分
 ９時35分から ⑤ 30分後は 時　分 ⑥ 35分後は 時　分	 ４時25分から ⑪ 30分後は 時　分 ⑫ 35分後は 時　分	 12時10分の ⑰ 30分前は 時　分 ⑱ 35分前は 時　分	 ６時15分の ㉓ 40分前は 時　分 ㉔ 50分前は 時　分

29 □分《なんぷん》後《ご》，□分前の時こく

年　組　番　名前

記録表《きろくひょう》

月／日	何こ	月／日	何こ	月／日	何こ	月／日	何こ
／		／		／		／	
／		／		／		／	
／		／		／		／	
／		／		／		／	
／		／		／		／	
／		／		／		／	

いくつできたか記録しましょう。

答え

○	●	◎	✿
 ① 30分後は 2時10分 ② 40分後は 2時20分	 ⑦ 30分後は 5時20分 ⑧ 25分後は 5時15分	 ⑬ 30分前は 1時50分 ⑭ 40分前は 1時40分	 ⑲ 30分前は 4時35分 ⑳ 40分前は 4時25分
 ③ 30分後は 3時20分 ④ 40分後は 3時30分	 ⑨ 30分後は 8時5分 ⑩ 40分後は 8時15分	 ⑮ 30分前は 9時45分 ⑯ 20分前は 9時55分	 ㉑ 40分前は 3時30分 ㉒ 50分前は 3時20分
 ⑤ 30分後は 10時5分 ⑥ 35分後は 10時10分	 ⑪ 30分後は 4時55分 ⑫ 35分後は 5時	 ⑰ 30分前は 11時40分 ⑱ 35分前は 11時35分	 ㉓ 40分前は 5時35分 ㉔ 50分前は 5時25分

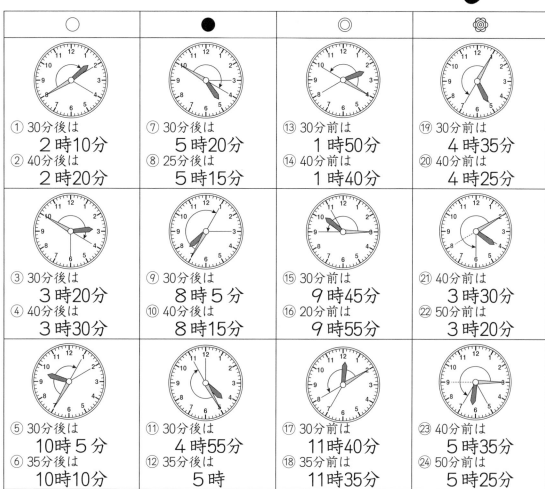

年　組　番　名前

30 時間，分，秒《びょう》の言いかえ

※文も言いましょう。

	○		●		◎
①	1時間は＿＿分のことです。	⑨	1分は＿＿秒のことです。	⑰	1日は□時間
②	2時間は60×□だから□分 のことです。	⑩	2分は60×□だから□秒 のことです。	⑱	午前中は□時間
③	1時間20分は60＋□だから□分 のことです。	⑪	3分は60×□だから□秒 のことです。	⑲	80分＝□時間□分
④	1時間15分は□＋□だから□分 のことです。	⑫	1分30秒は□＋□ だから□秒	⑳	100分＝□時間□分
⑤	2時間10分は□＋□だから□分 のことです。	⑬	1分40秒は□＋□ だから□秒	㉑	65秒＝□分□秒
⑥	2時間30分は□＋□だから□分 のことです。	⑭	90秒は□秒＋□秒 だから□分□秒	㉒	70秒＝□分□秒
⑦	90分は□分＋□分だから □時間□分のことです。	⑮	70秒は□秒＋□秒 だから□分□秒	㉓	120分＝□時間
⑧	70分は□分＋□分だから □時間□分のことです。	⑯	100秒は□秒＋□秒 だから□分□秒	㉔	180秒＝□分

30 時間，分，秒《びょう》の言いかえ

答え

	○		●		◎
①	１時間は60分のことです。	⑨	１分は60秒のことです。	⑰	１日は24時間
②	２時間は60×２だから120分のことです。	⑩	２分は60×２だから120秒のことです。	⑱	午前中は12時間
③	１時間20分は60＋20だから80分のことです。	⑪	３分は60×３だから180秒のことです。	⑲	80分＝１時間20分
④	１時間15分は60＋15だから75分のことです。	⑫	１分30秒は60＋30だから90秒	⑳	100分＝１時間40分
⑤	２時間10分は120＋10だから130分のことです。	⑬	１分40秒は60＋40だから100秒	㉑	65秒＝１分５秒
⑥	２時間30分は120＋30だから150分のことです。	⑭	90秒は60秒＋30秒だから１分30秒	㉒	70秒＝１分10秒
⑦	90分は60分＋30分だから１時間30分のことです。	⑮	70秒は60秒＋10秒だから１分10秒	㉓	120分＝２時間
⑧	70分は60分＋10分だから１時間10分のことです。	⑯	100秒は60秒＋40秒だから１分40秒	㉔	180秒＝３分

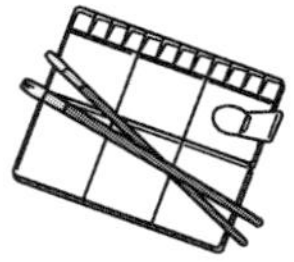

年　組　番　名前

記録表《きろくひょう》

月／日	何こ	月／日	何こ
／		／	
／		／	
／		／	
／		／	
／		／	
／		／	
／		／	
／		／	
／		／	
／		／	
／		／	
／		／	

いくつできたか記録しましょう。

年　組　番　名前

31 重《おも》さ　たんいの言いかえ，ふさわしいたんい

	○	●	◎ 重さのたんいを言いましょう　g kg t
①	1 kg ＝□ g	1 kg200g ＝（　＋　）だから　g	1円玉は　1□
②	2 kg ＝□ g	2 kg700g ＝（　＋　）だから　g	牛にゅうパックは　1□
③	1000g ＝□ kg	1 kg60g ＝（　＋　）だから　g	ゾウは　5□
④	4000g ＝□ kg	600g ＋400g ＝	さとう1ふくろは　1□
⑤	1200g ＝□ kg □ g	800g ＋600g ＝	3年生の子どもは　28□
⑥	1600g ＝□ kg □ g	1 kg －700g ＝	たまごは　50□
⑦	4700g ＝□ kg □ g	1 kg100g －500g ＝	トラックは　4□
⑧	2060g ＝□ kg □ g	1 t ＝□ kg	ノートは　130□
⑨	1 kg300g ＝□＋300だから□ g	3 t ＝□ kg	おとなは　58□
⑩	2 kg80g ＝□＋□だから□ g	6000kg ＝□ t	クジラは　20□

※1分間にどこまで言えるかな？　目標《もくひょう》は1分で30問《もん》

31 重《おも》さ　たんいの言いかえ，ふさわしいたんい

年　組　番　名前

答え

	○	●	◎
①	1 kg ＝□ g 1000g	1 kg200g ＝ (1000＋200) だから 1200g	1 円玉は 1 □ 1 g
②	2 kg ＝□ g 2000g	2 kg700g ＝ (2000＋700) だから 2700g	牛にゅうパックは 1 □ 1 kg
③	1000g ＝□ kg 1 kg	1 kg60g ＝ (1000＋60) だから 1060g	ゾウ 5 は□ 5 t
④	4000g ＝□ kg 4 kg	600g ＋400g ＝ 1 kg	さとう 1 ふくろは 1 □ 1 kg
⑤	1200g ＝□ kg □ g 1 kg200g	800g ＋600g ＝ 1 kg400g	3 年生の子どもは28□ 28kg
⑥	1600g ＝□ kg □ g 1 kg600g	1 kg －700g ＝1000－700だから 300g	たまごは50□ 50g
⑦	4700g ＝□ kg □ g 4 kg700g	1 kg100g －500g ＝1100－500だから 600g	トラックは 4 □ 4 t
⑧	2060g ＝□ kg □ g 2 kg60g	1 t ＝□ kg 1000kg	ノートは130□ 130g
⑨	1 kg300g ＝1000＋300 だから1300g	3 t ＝□ kg 3000kg	おとなは58□ 58kg
⑩	2 kg80g ＝2000＋80 だから2080g	6000kg ＝□ t 6 t	クジラは20□ 20 t

記録表《きろくひょう》

月／日	何こ	月／日	何こ
／		／	
／		／	
／		／	
／		／	
／		／	
／		／	
／		／	
／		／	
／		／	
／		／	
／		／	
／		／	

いくつできたか記録しましょう。

年　組　番　名前

32 図形の名前や，直線の名前を言いましょう

	○	●	◎
①		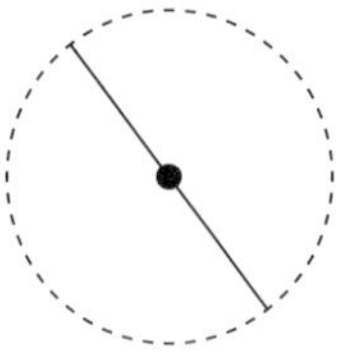 円の何ですか。	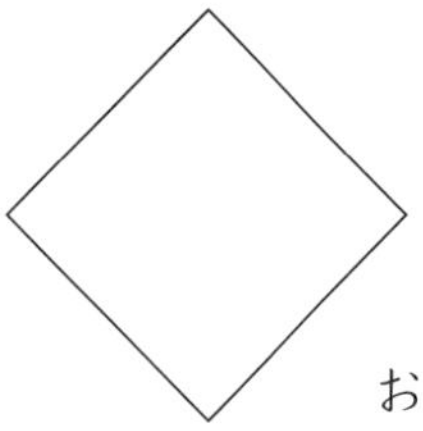 おり紙
②	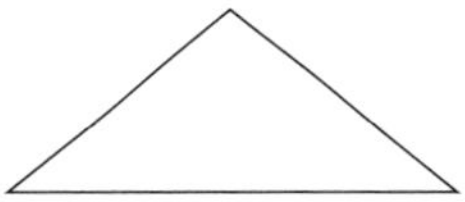	長方形の角《かど》の形は何ですか。 	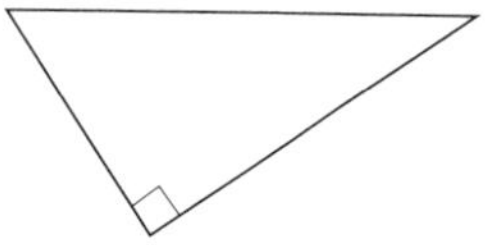
③	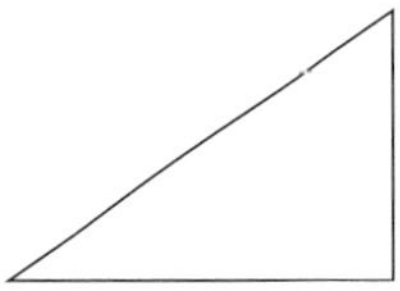	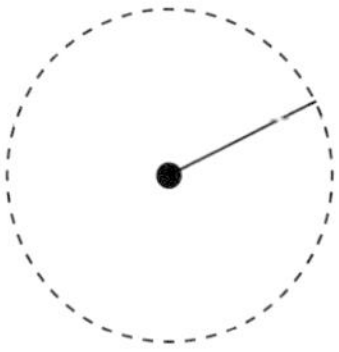 円の何ですか。	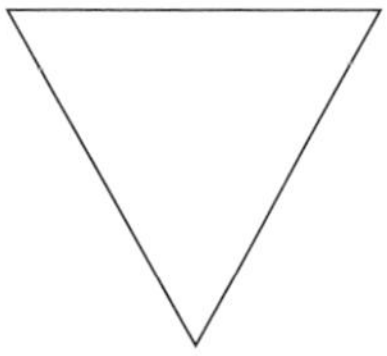
④		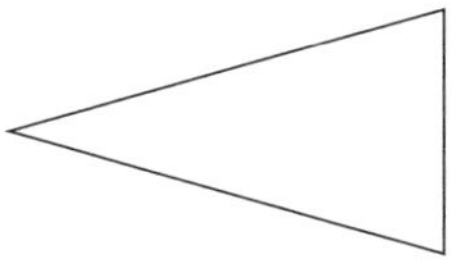	おり紙の半分 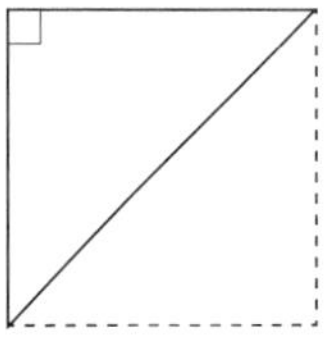
⑤		三角じょうぎ２まい分 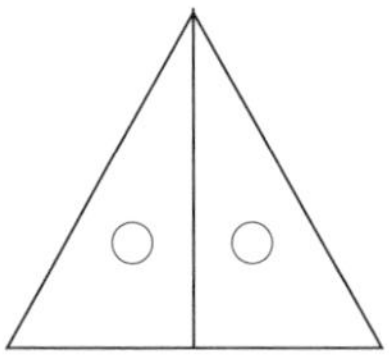	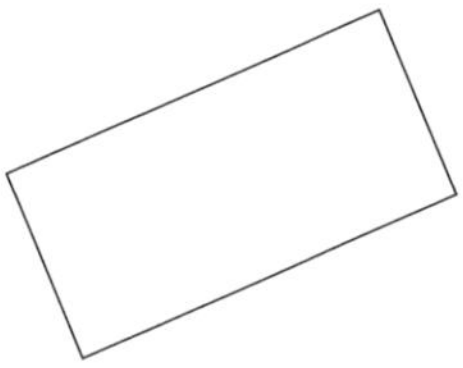
⑥	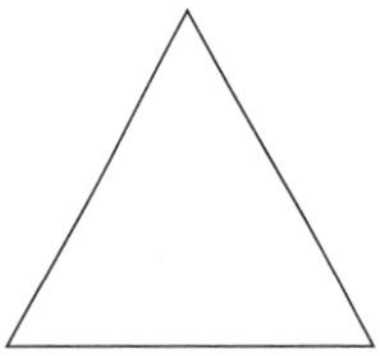		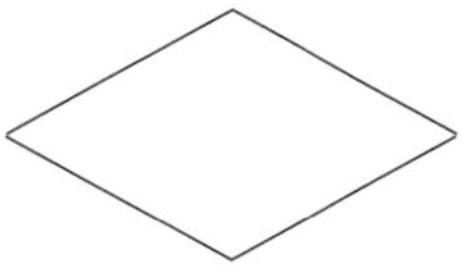

32 図形の名前や，直線の名前を言いましょう

年　組　番　名前

記録表《きろくひょう》

月／日	何こ	月／日	何こ	月／日	何こ	月／日	何こ
／		／		／		／	
／		／		／		／	
／		／		／		／	
／		／		／		／	
／		／		／		／	
／		／		／		／	

いくつできたか記録しましょう。

答え

	○	●	◎
①	 長方形《ちょうほうけい》	 円の直けい	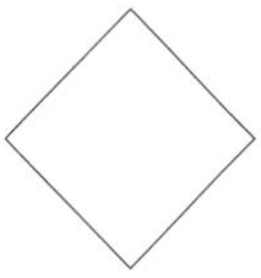 正方形
②	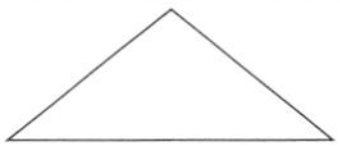 二等辺三角形《にとうへんさんかくけい》	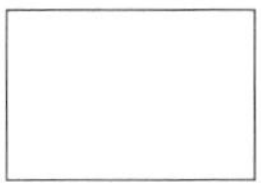 長方形の角《かど》の形は直角《ちょっかく》	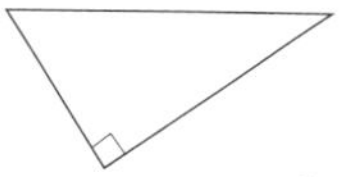 直角三角形
③	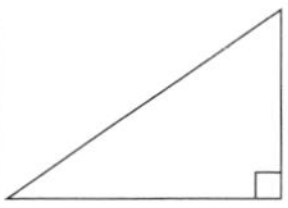 直角三角形《ちょっかくさんかくけい》	 円の半けい	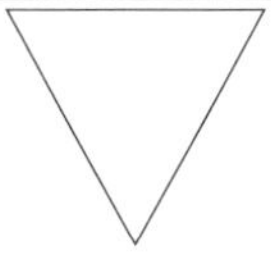 正三角形
④	 長方形	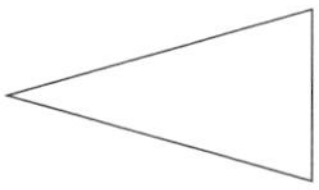 二等辺三角形	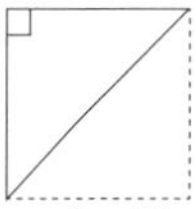 直角二等辺三角形
⑤	 正方形《せいほうけい》	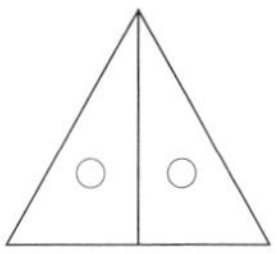 正三角形	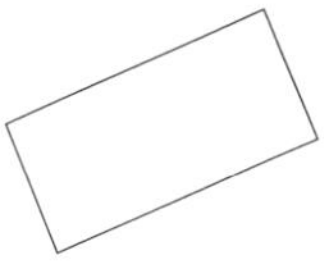 長方形
⑥	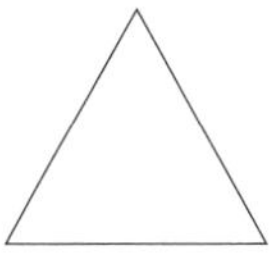 正三角形《せいさんかくけい》	 長方形	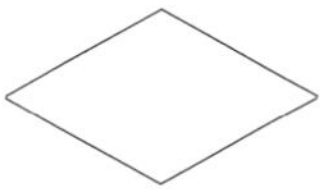 ひし形

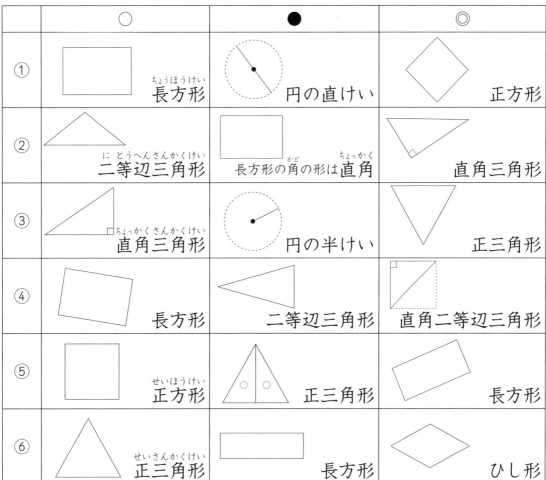

年　組　番　名前

33 □をもとめる式《しき》を言いましょう

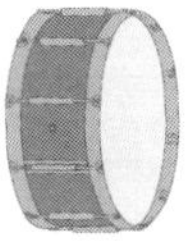

	○	◎	❁
①	□＋2＝12	□÷2＝8	□÷9＝7
②	□＋40＝60	□÷7＝6	□÷7＝10
③	□＋39＝100	□÷5＝10	□×4＝80
④	□−70＝100	□＋18＝49	□×9＝72
⑤	□−8＝5	□＋56＝85	□−17＝9
⑥	□−25＝50	□×6＝54	□−18＝15
⑦	□×3＝24	□×3＝90	□＋27＝50
⑧	□×5＝45	□−19＝75	□＋47＝70
⑨	□×8＝72	□−100＝8	□×6＝18
⑩	□×7＝0	□÷8＝40	□÷5＝10

※１分間にどこまで言えるかな？

33 □をもとめる式《しき》を言いましょう

年　組　番　名前

記録表《きろくひょう》

月／日	何こ	月／日	何こ	月／日	何こ	月／日	何こ
／		／		／		／	
／		／		／		／	
／		／		／		／	
／		／		／		／	
／		／		／		／	
／		／		／		／	

いくつできたか記録しましょう。

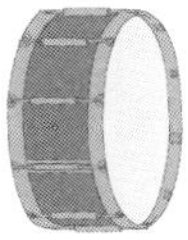

答え

	○	◎	✿
①	□＋2＝12 12－2	□÷2＝8 8×2	□÷9＝7 7×9
②	□＋40＝60 60－40	□÷7＝6 6×7	□÷7＝10 10×7
③	□＋39＝100 100－39	□÷5＝10 10×5	□×4＝80 80÷4
④	□－70＝100 100＋70	□＋18＝49 49－18	□×9＝72 72÷9
⑤	□－8＝5 5＋8	□＋56＝85 85－56	□－17＝9 9＋17
⑥	□－25＝50 50＋25	□×6＝54 54÷6	□－18＝15 15＋18
⑦	□×3＝24 24÷3	□×3＝90 90÷3	□＋27＝50 50－27
⑧	□×5＝45 45÷5	□－19＝75 75＋19	□＋47＝70 70－47
⑨	□×8＝72 72÷8	□－100＝8 8＋100	□×6＝18 18÷6
⑩	□×7＝0 0÷7	□÷8＝40 40×8	□÷5＝10 10×5

年　組　番　名前

34 グラフの1《ひと》目もり　せつ明とたんいをつけて答えましょう

○

①
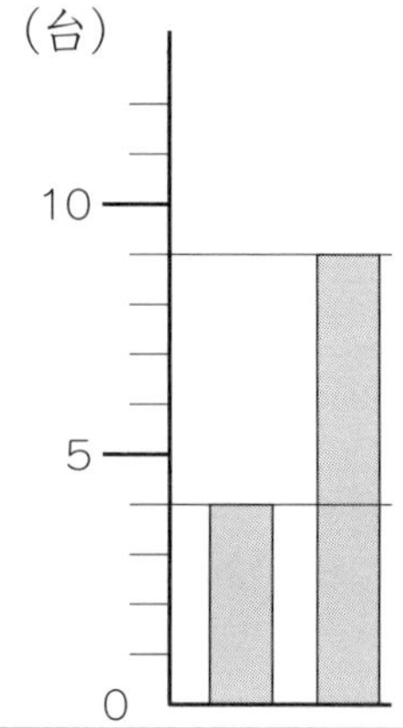

②
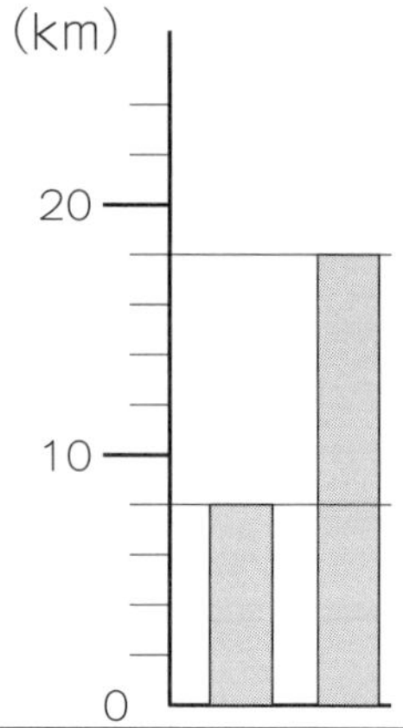

③
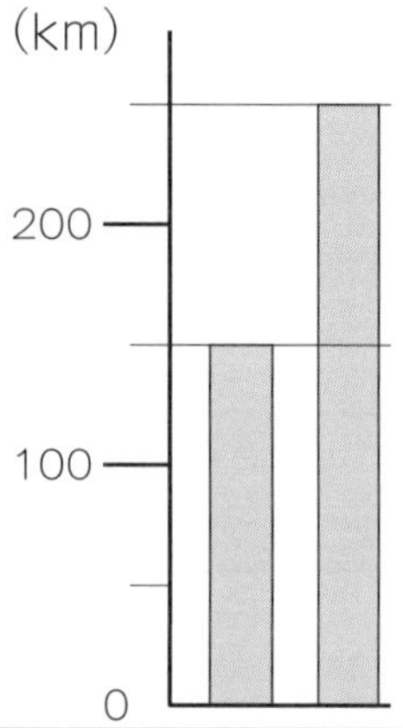

●

④
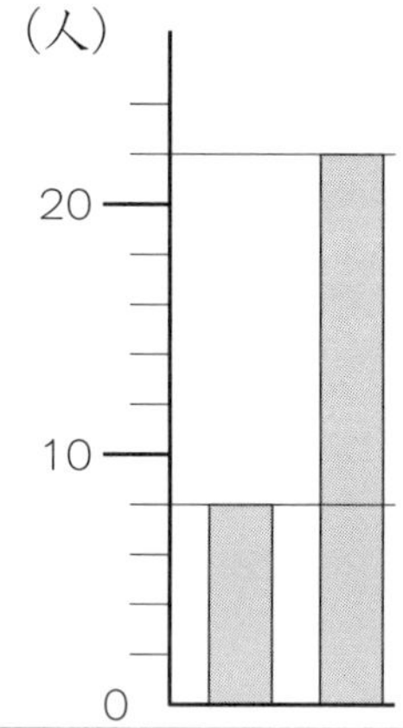

⑤
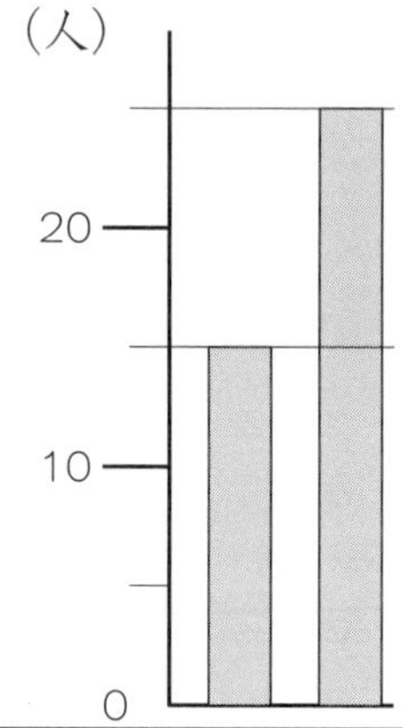

⑥
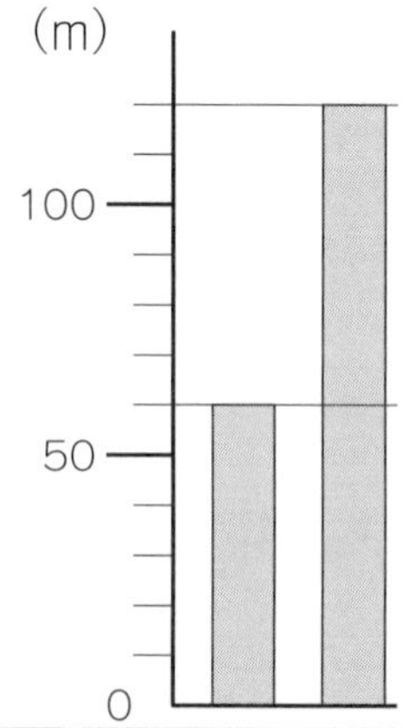

◎

⑦
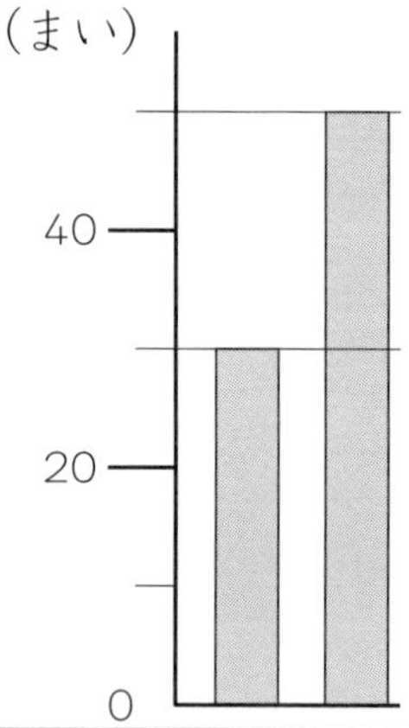

⑧
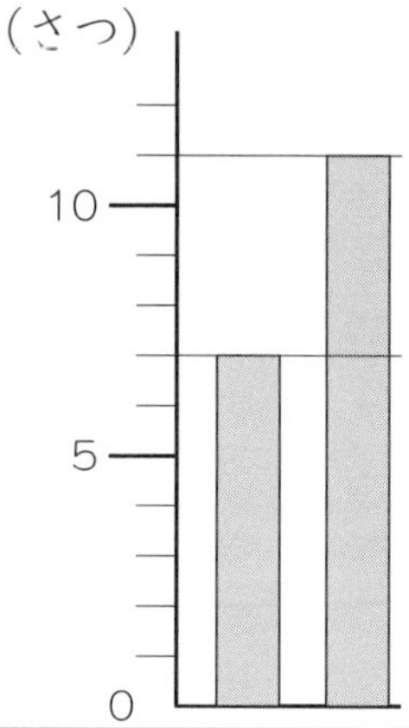

⑨
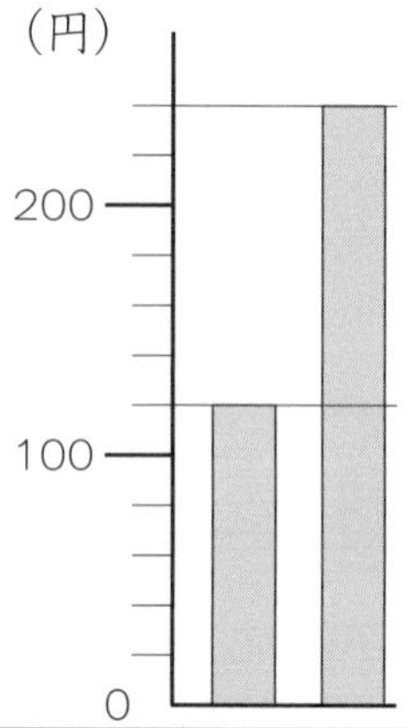

✿

⑩
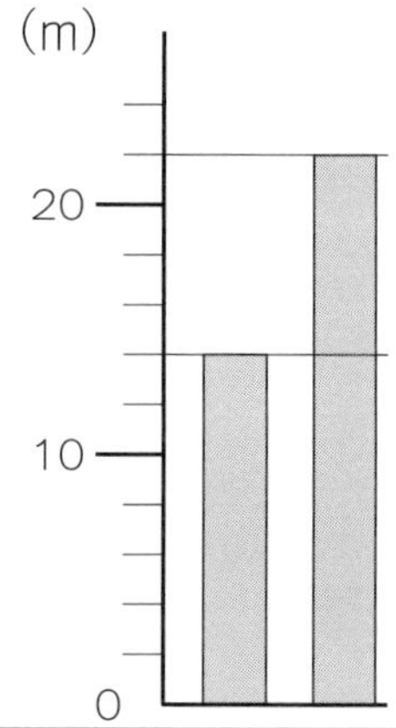

⑪
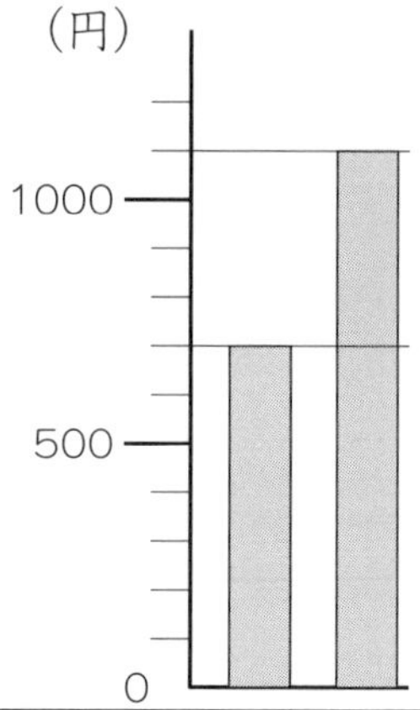

⑫
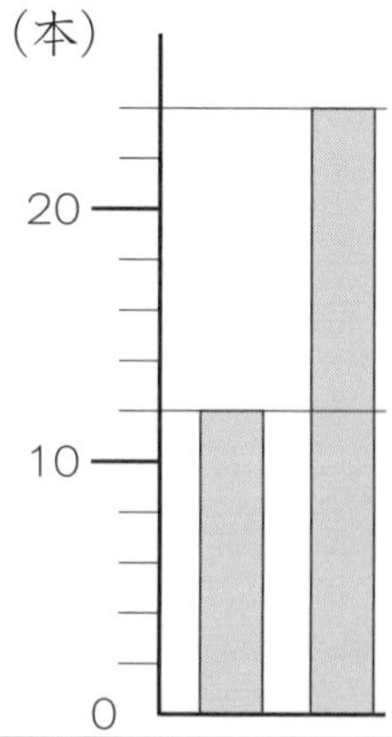

34 グラフの1《ひと》目もり　せつ明とたんいをつけて答えましょう

年　組　番　名前

記録表《きろくひょう》

月／日	何こ	月／日	何こ	月／日	何こ	月／日	何こ
／		／		／		／	
／		／		／		／	
／		／		／		／	
／		／		／		／	
／		／		／		／	
／		／		／		／	

いくつできたか記録しましょう。

答え

○	●	◎	❀
① 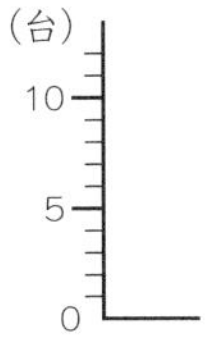 (台) 10 5 0 5の中に5目もりあるから，5÷5で (1台)	④ 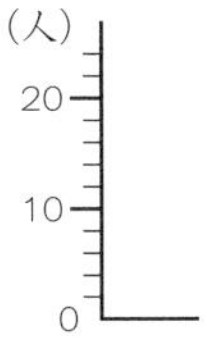 (人) 20 10 0 10の中に5目もりあるから，10÷5で (2人)	⑦ 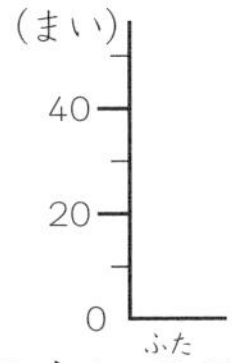 (まい) 40 20 0 20の中に2《ふた》目もりあるから，20÷2で (10まい)	⑩  (m) 20 10 0 10の中に5目もりあるから，10÷5で (2m)
② 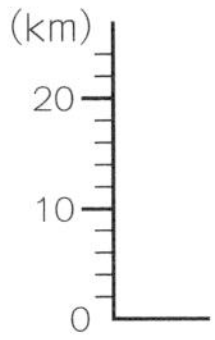 (km) 20 10 0 10の中に5目もりあるから，10÷5で (2km)	⑤ 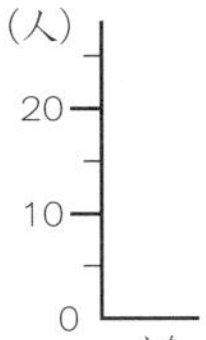 (人) 20 10 0 10の中に2《ふた》目もりあるから，10÷2で (5人)	⑧  (さつ) 10 5 0 5の中に5目もりあるから，5÷5で (1さつ)	⑪ 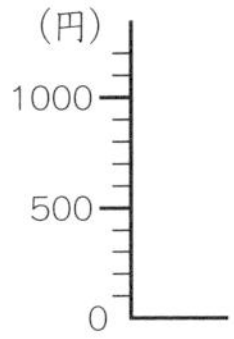 (円) 1000 500 0 500の中に5目もりあるから，500÷5で (100円)
③ 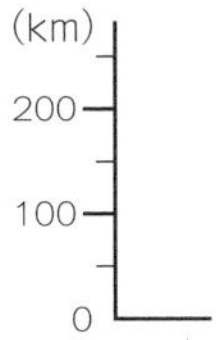 (km) 200 100 0 100の中に2《ふた》目もりあるから，100÷2で (50km)	⑥ 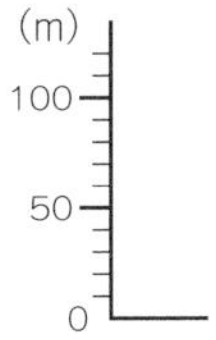 (m) 100 50 0 50の中に5目もりあるから，50÷5で (10m)	⑨ 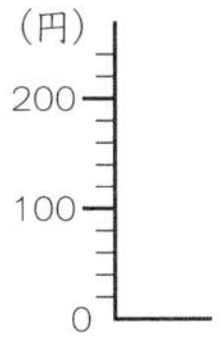 (円) 200 100 0 100の中に5目もりあるから，100÷5で (20円)	⑫ 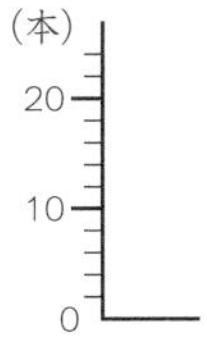 (本) 20 10 0 10の中に5目もりあるから，10÷5で (2本)

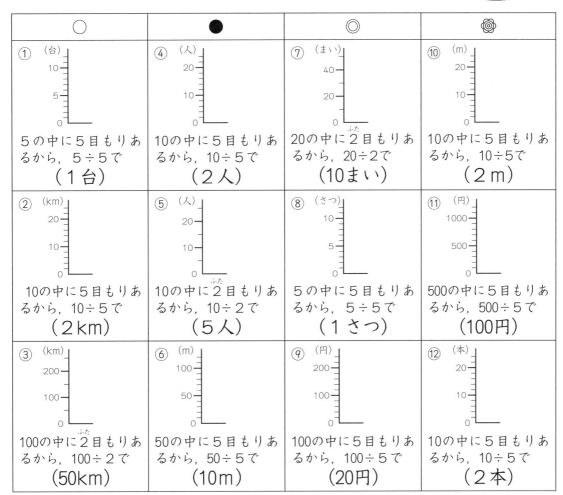

年　組　番　名前

1 角度じゅんびの計算

	○	●	◎
①	30× 2	90－10	90＋45
②	30× 3	90＋10	180＋180
③	90＋45	180+10	180× 2
④	30＋45	180－30	45× 2
⑤	90× 2	180＋40	360－30
⑥	90× 4	60＋45	360－60
⑦	90× 3	90＋90	360－120
⑧	60÷ 2	60－30	360－90
⑨	30× 1	60－45	360－145
⑩	180－60	90－45	360－180

※１分間にどこまで言えるかな？　目標《もくひょう》は１分で30問

1 角度じゅんびの計算

年　組　番　名前

記《き》録《ろく》表《ひょう》

月／日	何こ	月／日	何こ	月／日	何こ	月／日	何こ
／		／		／		／	
／		／		／		／	
／		／		／		／	
／		／		／		／	
／		／		／		／	
／		／		／		／	

いくつできたか記録しましょう。

答え

	○	●	◎
①	30×2 60	90−10 80	90＋45 135
②	30×3 90	90＋10 100	180＋180 360
③	90＋45 135	180＋10 190	180×2 360
④	30＋45 75	180−30 150	45×2 90
⑤	90×2 180	180＋40 220	360−30 330
⑥	90×4 360	60＋45 105	360−60 300
⑦	90×3 270	90＋90 180	360−120 240
⑧	60÷2 30	60−30 30	360−90 270
⑨	30×1 30	60−45 15	360−145 215
⑩	180−60 120	90−45 45	360−180 180

※正しかったら，「はい」。2回まちがったら教えてあげます。

年　組　番　名前

2 角度①

式も言いましょう。

	○	●	◎
①	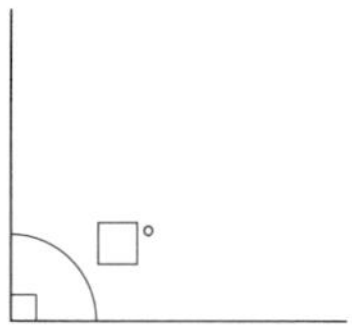□°	長方形 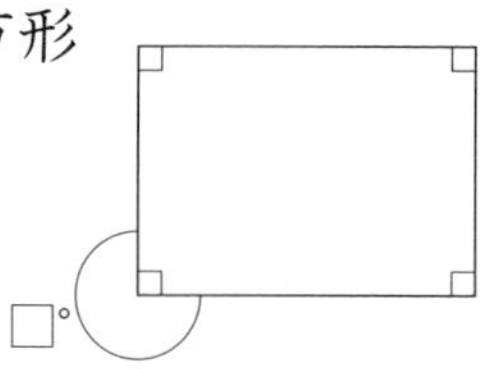□° 式	式 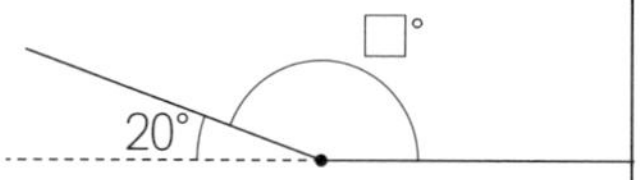□° 20°
②	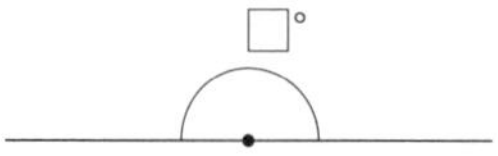□°	式 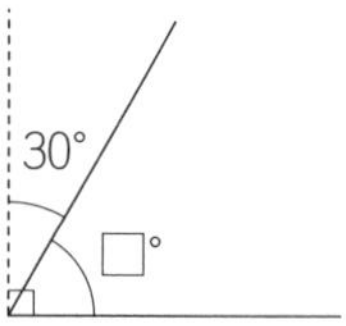30° □°	式 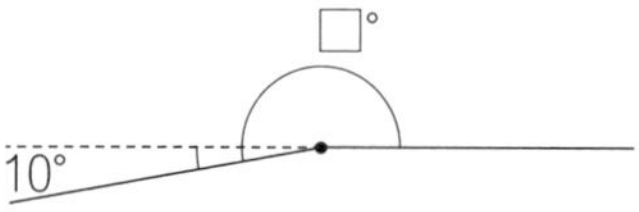□° 10°
③	正三角形 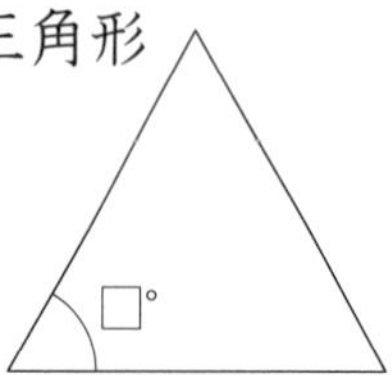□°	式 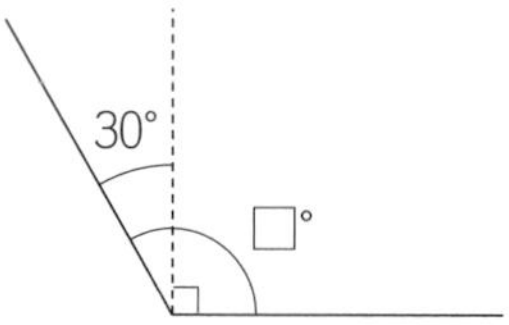30° □°	式 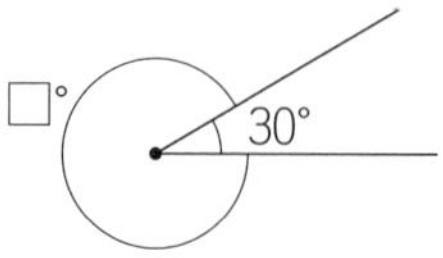□° 30°
④	三角じょうぎ 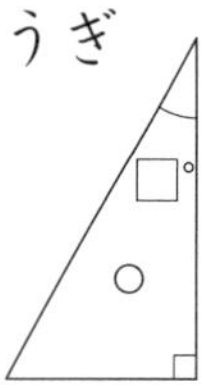□° ○	式 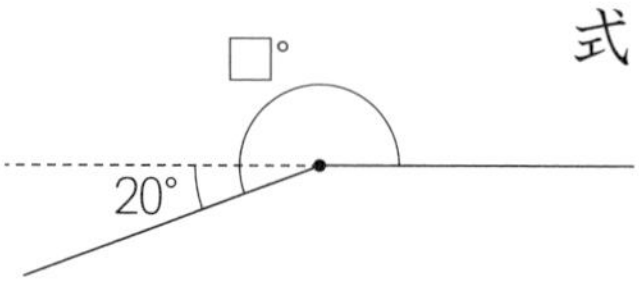□° 20°	式 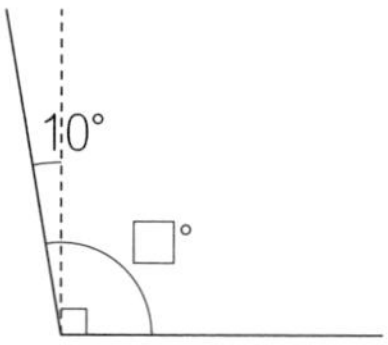10° □°
⑤	式 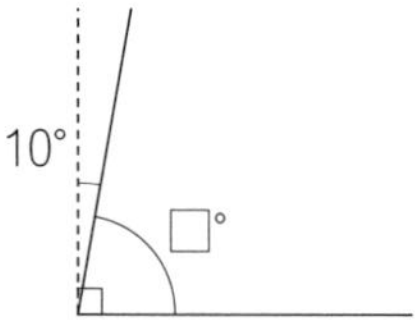10° □°	式 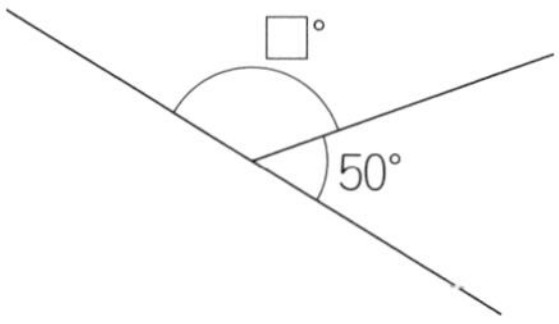□° 50°	正三角形 式 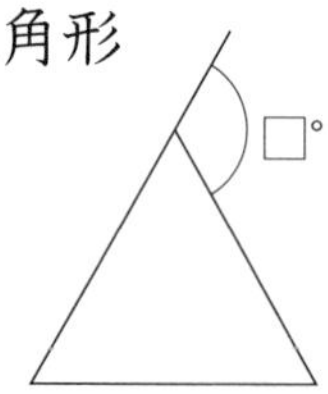□°
⑥	式 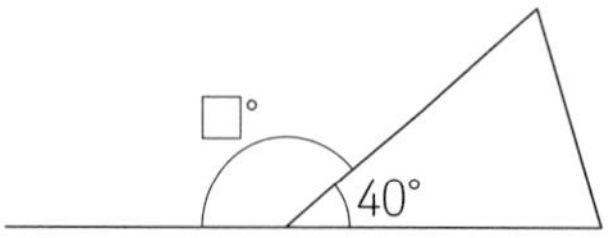□° 40°	三角じょうぎ 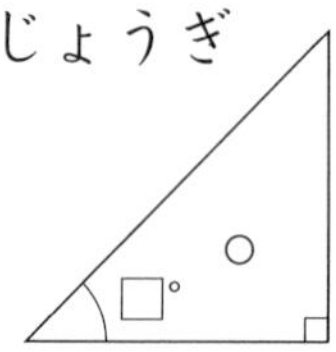□° ○	式 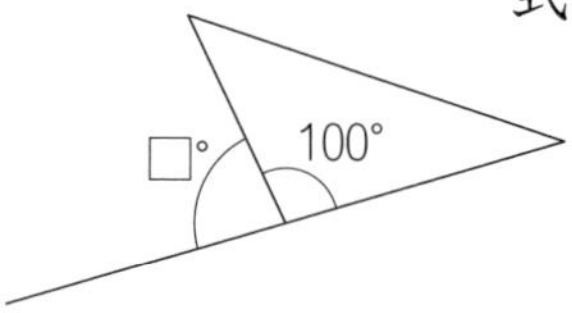□° 100°

2 角度①

年　組　番　名前

記録表《きろくひょう》

月／日	何こ	月／日	何こ	月／日	何こ	月／日	何こ
／		／		／		／	
／		／		／		／	
／		／		／		／	
／		／		／		／	
／		／		／		／	
／		／		／		／	

いくつできたか記録しましょう。

答え

	○	●	◎
①	□° 90°	長方形 □° 270° 360－90	20° □° 160° 180－20
②	□° 180°	30° □° 60° 90－30	10° □° 190° 180＋10
③	正三角形 □° 60°	30° □° 120° 90＋30	□° 30° 330° 360－30
④	三角じょうぎ □° 30°	20° □° 200° 180＋20	10° □° 100° 90＋10
⑤	10° □° 80° 90－10	□° 50° 130° 180－50	正三角形 □° 60° 120° 180－60
⑥	□° 40° 140° 180－40	三角じょうぎ □° 45°	□° 100° 80° 180－100

年　組　番　名前

3 角度②

30° 60° 90° 120° 150° 180° 210° 240° 270° 300° 330° 360° のどれかです。

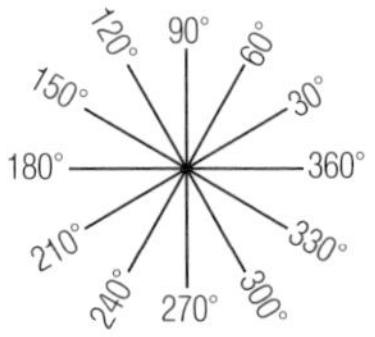

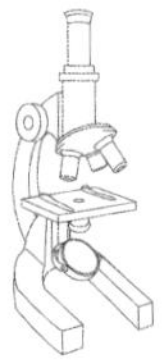

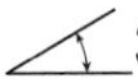 30° と  60° の大きさを覚《おぼ》えるとわかるよ。

	○	●	◎
①	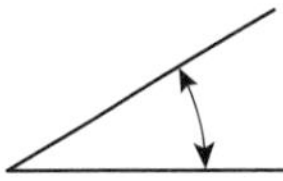 □°	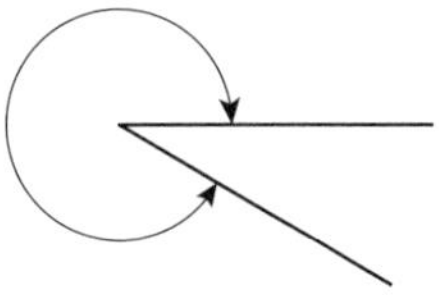	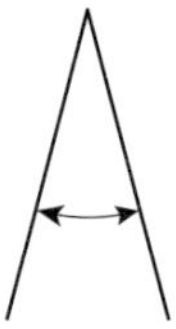
②	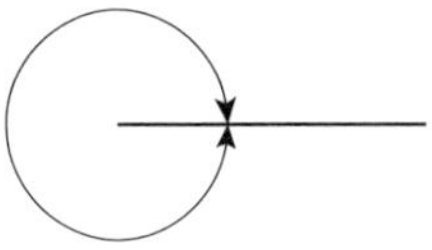	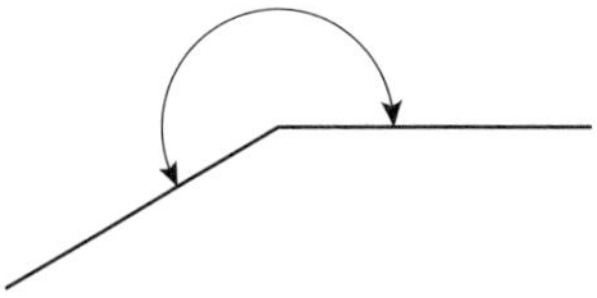	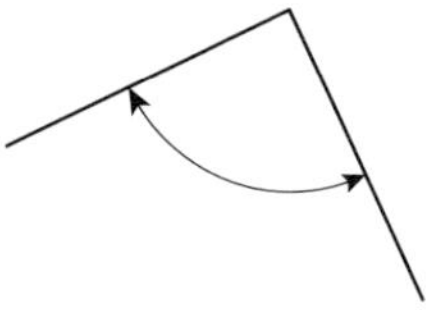
③	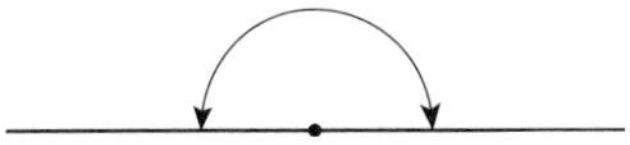	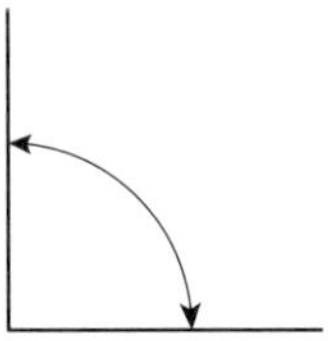	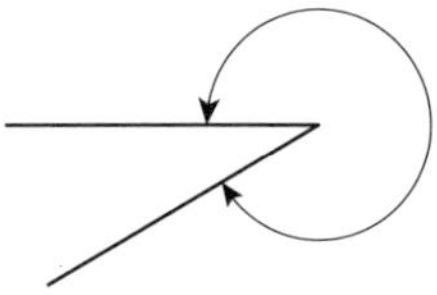
④	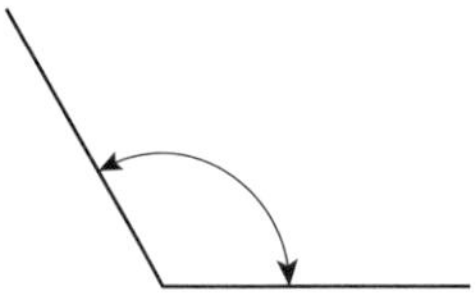	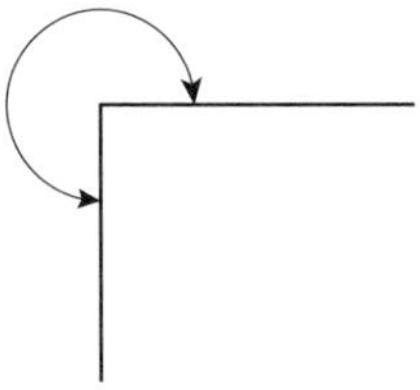	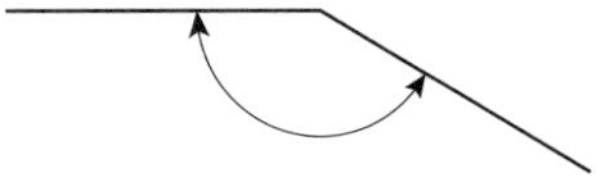
⑤	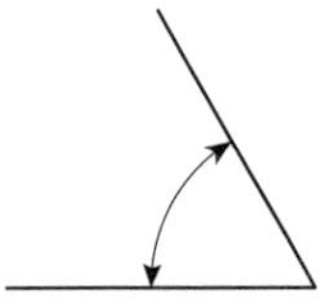	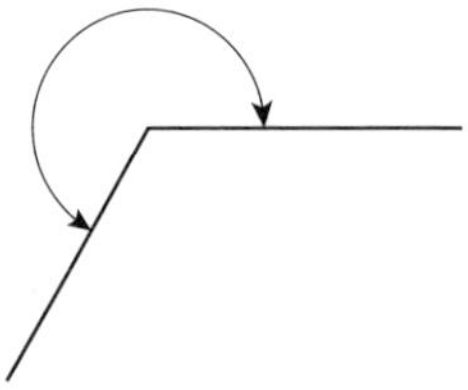	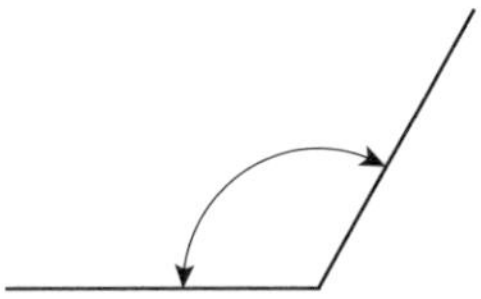
⑥	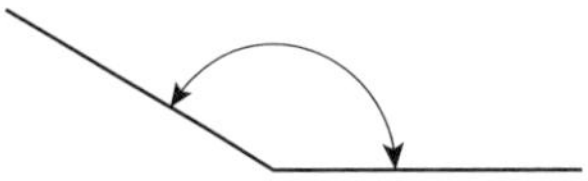	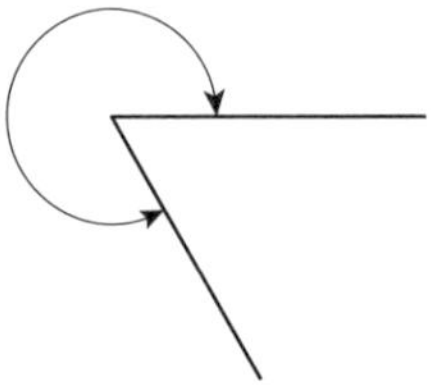	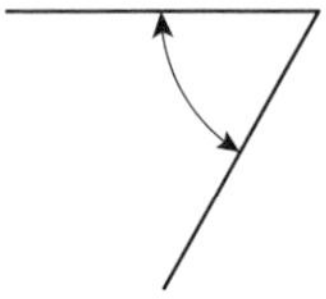

3 角度②

年　組　番　名前

記《き》録《ろく》表《ひょう》

月／日	何こ	月／日	何こ	月／日	何こ	月／日	何こ
／		／		／		／	
／		／		／		／	
／		／		／		／	
／		／		／		／	
／		／		／		／	
／		／		／		／	

いくつできたか記録しましょう。

答え

	○	●	◎
①	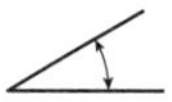 30°	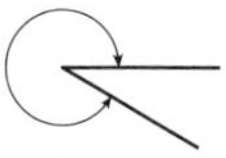 360－30 330°	 30°
②	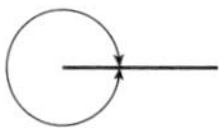 360°	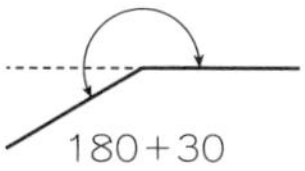 180＋30 210°	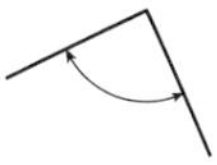 90°
③	 180°	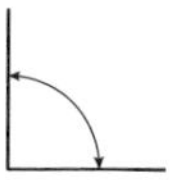 90°	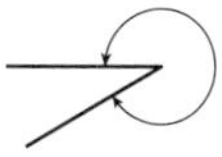 360－30 330°
④	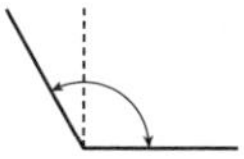 90＋30 120°	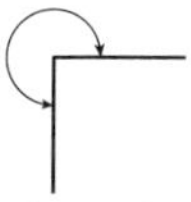 360－90 270°	 180－30 150°
⑤	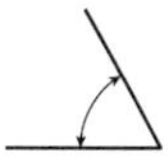 60°	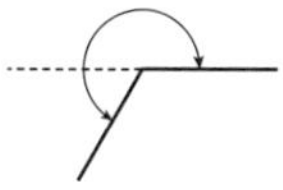 180＋60 240°	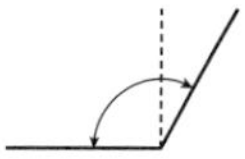 90＋30 120°
⑥	 180－30 150°	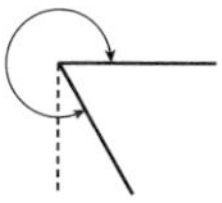 360－60 300°	 60°

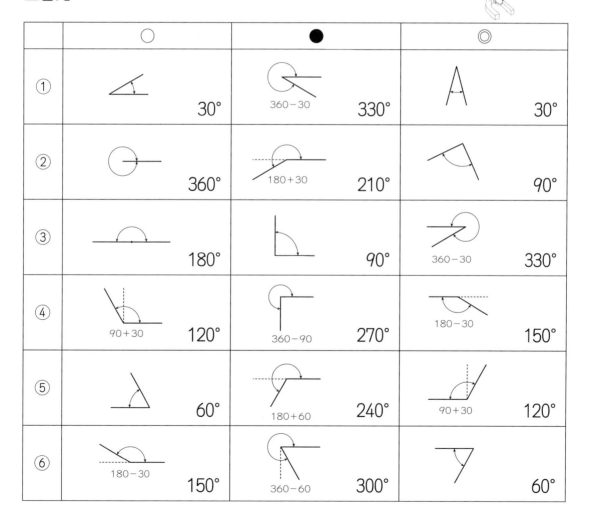

年　組　番　名前

4 一つ上の位《くらい》，下の位

問題文まで全部言いましょう。

	○		◎
①	十万を10こ集めると	⑬	百を10こ集めると
②	千万を10こ集めると	⑭	1万を10こ集めると
③	千を10こ集めると	⑮	千億を10こ集めると
④	百億《おく》の1つ上の位は	⑯	千万を10倍した数は
⑤	千万の1つ上の位は	⑰	百兆を10倍した数は
⑥	千億の1つ上の位は	⑱	十万を10倍した数は
⑦	1万の1つ上の位は	⑲	百億を10倍した数は
⑧	1億の1つ下の位は	⑳	1万の10分の1の数は
⑨	1兆《ちょう》の1つ下の位は	㉑	1億の10分の1の数は
⑩	1万の1つ下の位は	㉒	1兆の10分の1の数は
⑪	千億の1つ下の位は	㉓	千万の10分の1の数は
⑫	百万の1つ下の位は	㉔	百兆の10分の1の数は

千	百	十	一	千	百	十	一	千	百	十	一	千	百	十	一
			兆				億				万				

4 一つ上の位《くらい》，下の位

年　組　番　名前

記録表《きろくひょう》

月／日	何こ	月／日	何こ	月／日	何こ	月／日	何こ
／		／		／		／	
／		／		／		／	
／		／		／		／	
／		／		／		／	
／		／		／		／	
／		／		／		／	

いくつできたか記録しましょう。

答え

	○		◎
①	十万を10こ集めると　百万	⑬	百を10こ集めると　千
②	千万を10こ集めると　1億《おく》	⑭	1万を10こ集めると　十万
③	千を10こ集めると　1万	⑮	千億を10こ集めると　1兆
④	百億の1つ上の位は　千億	⑯	千万を10倍した数は　1億
⑤	千万の1つ上の位は　1億	⑰	百兆を10倍した数は　千兆
⑥	千億の1つ上の位は　1兆《ちょう》	⑱	十万を10倍した数は　百万
⑦	1万の1つ上の位は　十万	⑲	百億を10倍した数は　千億
⑧	1億の1つ下の位は　千万	⑳	1万の10分の1の数は　千
⑨	1兆の1つ下の位は　千億	㉑	1億の10分の1の数は　千万
⑩	1万の1つ下の位は　千	㉒	1兆の10分の1の数は　千億
⑪	千億の1つ下の位は　百億	㉓	千万の10分の1の数は　百万
⑫	百万の1つ下の位は　十万	㉔	百兆の10分の1の数は　十兆

年　組　番　名前

5 10倍した数　10でわった数

問題文まで全部言いましょう。　数回やったら◎の通りから始めましょう。

	○		◎
①	260万を10倍した数は	⑮	650兆を10倍した数は
②	5万を10倍した数は	⑯	650兆を10でわった数は
③	60億《おく》を10倍した数は	⑰	7020億を10倍した数は
④	13000を10でわった数は	⑱	7020億を10でわった数は
⑤	900億を10でわった数は	⑲	4億を10倍した数は
⑥	500万を10でわった数は	⑳	4億を10でわった数は
⑦	4000万を10倍した数は	㉑	150万を10倍した数は
⑧	600億を10倍した数は	㉒	150万を10でわった数は
⑨	9億を10でわった数は	㉓	5兆6000億を10倍した数は
⑩	5000億を10倍した数は	㉔	5兆6000億を10でわった数は
⑪	40兆《ちょう》を10でわった数は	㉕	4010億を10倍した数は
⑫	4兆を10でわった数は	㉖	4010億を10でわった数は
⑬	7400兆を10でわった数は	㉗	13億を10倍した数は
⑭	302億を10倍した数は	㉘	13億を10でわった数は

千	百	十	一	千	百	十	一	千	百	十	一	千	百	十	一
			兆				億				万				

5 10倍した数　10でわった数

年　　組　　番　　名前

記録表《きろくひょう》

月／日	何こ	月／日	何こ	月／日	何こ	月／日	何こ
／		／		／		／	
／		／		／		／	
／		／		／		／	
／		／		／		／	
／		／		／		／	
／		／		／		／	

いくつできたか記録しましょう。

答え

	○		◎
①	260万を10倍した数は　2600万	⑮	650兆を10倍した数は　6500兆
②	５万を10倍した数は　50万	⑯	650兆を10でわった数は　65兆
③	60億《おく》を10倍した数は　600億	⑰	7020億を10倍した数は　７兆200億
④	13000を10でわった数は　1300	⑱	7020億を10でわった数は　702億
⑤	900億を10でわった数は　90億	⑲	４億を10倍した数は　40億
⑥	500万を10でわった数は　50万	⑳	４億を10でわった数は　4000万
⑦	4000万を10倍した数は　４億	㉑	150万を10倍した数は　1500万
⑧	600億を10倍した数は　6000億	㉒	150万を10でわった数は　15万
⑨	９億を10でわった数は　9000万	㉓	５兆6000億を10倍した数は　56兆
⑩	5000億を10倍した数は　５兆《ちょう》	㉔	５兆6000億を10でわった数は　5600億
⑪	40兆を10でわった数は　４兆	㉕	4010億を10倍した数は　４兆100億
⑫	４兆を10でわった数は　4000億	㉖	4010億を10でわった数は　401億
⑬	7400兆を10でわった数は　740兆	㉗	13億を10倍した数は　130億
⑭	302億を10倍した数は　3020億	㉘	13億を10でわった数は　１億3000万

年　組　番　名前

6 億兆《おくちょう》の数の数直線

1目もりはいくつか，説明《せつめい》を言いましょう。

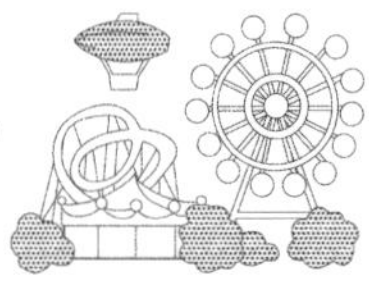

↑○のところはいくつですか。番号と数を言いましょう。

① 大きい1目もりは いくつ だから，小さい1目もりは どう考えると で， いくつになる です。

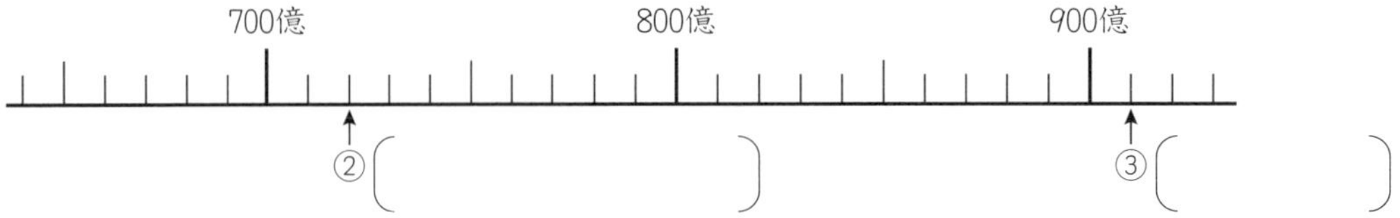

④ 大きい1目もりは いくつ だから，小さい1目もりは

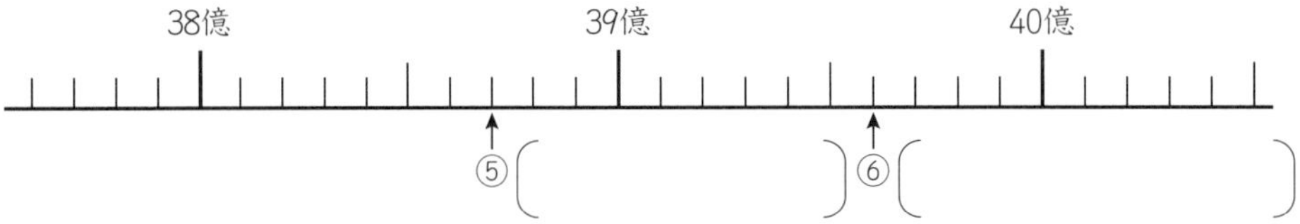

⑦ 説明

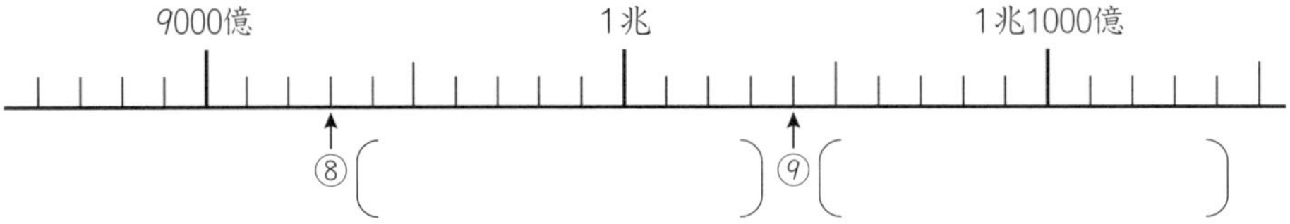

⑩ 説明

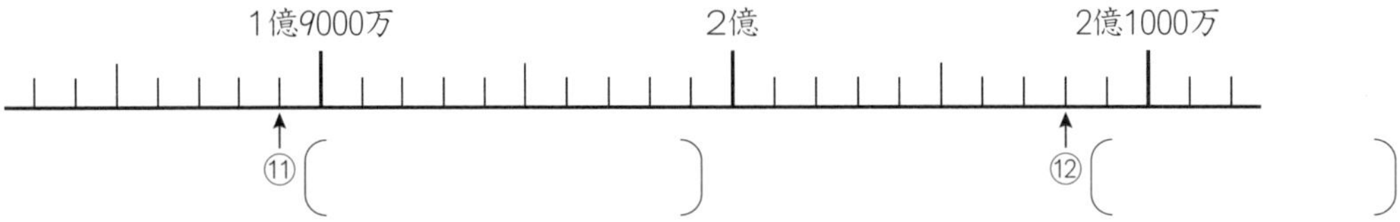

⑬ 説明

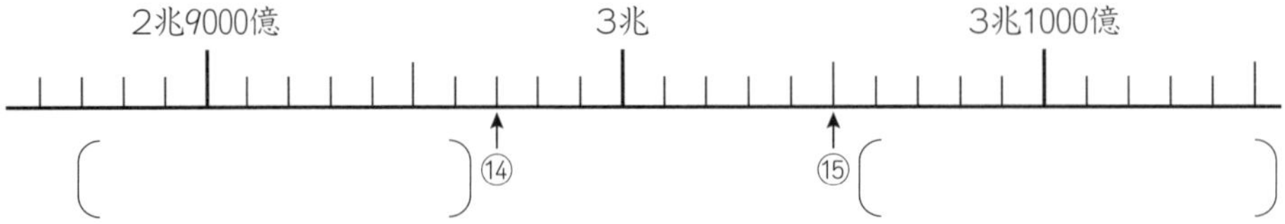

6 億兆《おくちょう》の数の数直線

年　組　番　名前

記録表《きろくひょう》

月／日	何こ	月／日	何こ	月／日	何こ	月／日	何こ
／		／		／		／	
／		／		／		／	
／		／		／		／	
／		／		／		／	
／		／		／		／	
／		／		／		／	

いくつできたか記録しましょう。

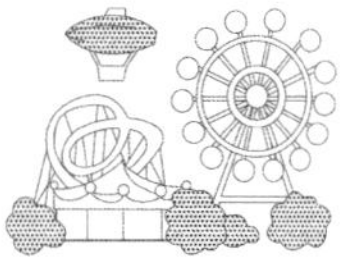

答え

① 大きい１目もりは100億だから，小さい１目もりは100億÷10で，10億です。

（100億の下の位《くらい》は10億だから）

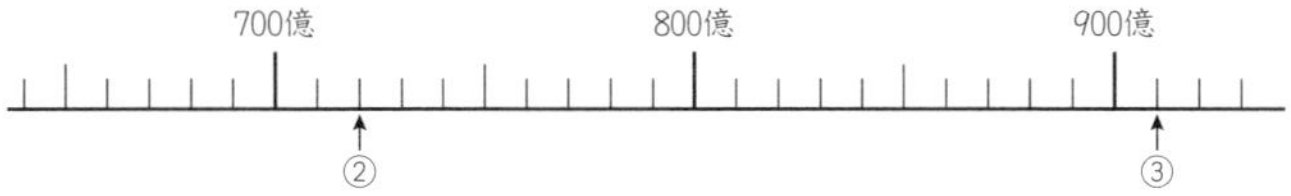

700億
800億
900億
②
③

②720億　③910億

④ 大きい１目もりは１億だから，小さい１目もりは１億÷10で，1000万です。

（億の下の位は1000万だから）

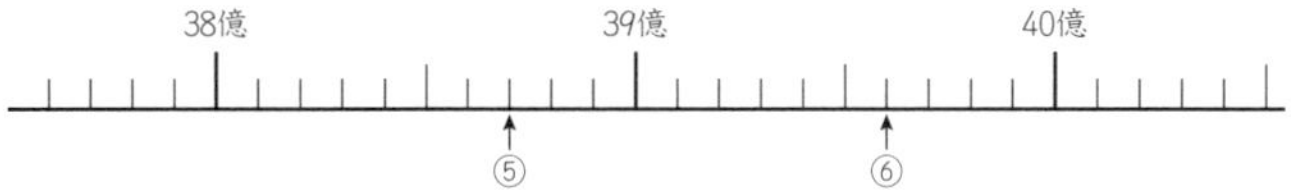

38億
39億
40億
⑤
⑥

⑤38億7000万
⑥39億6000万

⑦ 大きい１目もりは1000億だから，小さい１目もりは1000億÷10で，100億です。

（1000億の下の位は100億だから）

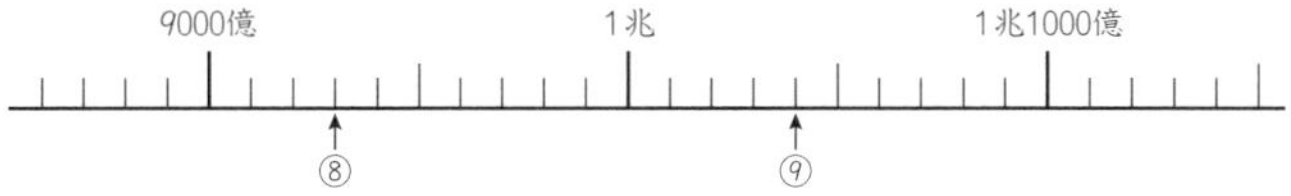

9000億
１兆
１兆1000億
⑧
⑨

⑧9300億
⑨１兆400億

⑩ 大きい１目もりは1000万だから，小さい１目もりは1000万÷10で，100万です。

（1000万の下の位は100万だから）

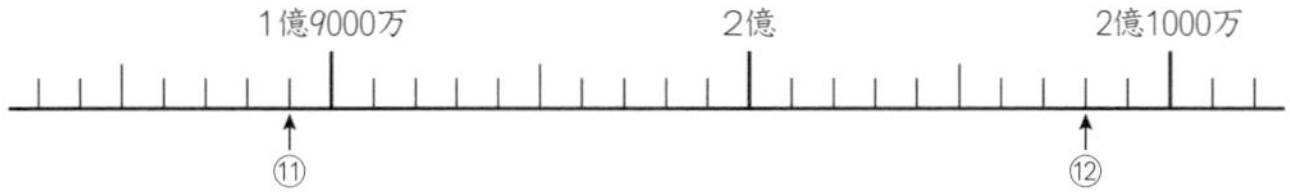

１億9000万
２億
２億1000万
⑪
⑫

⑪１億8900万
⑫２億800万

⑬ 大きい１目もりは1000億だから，小さい１目もりは1000億÷10で，100億です。

（1000億の下の位は100億だから）

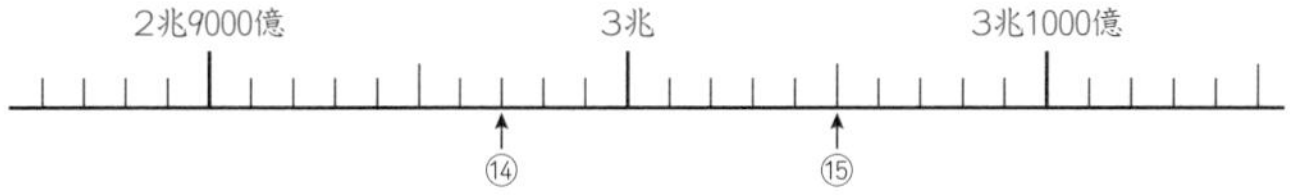

２兆9000億
３兆
３兆1000億
⑭
⑮

⑭２兆9700億
⑮３兆500億

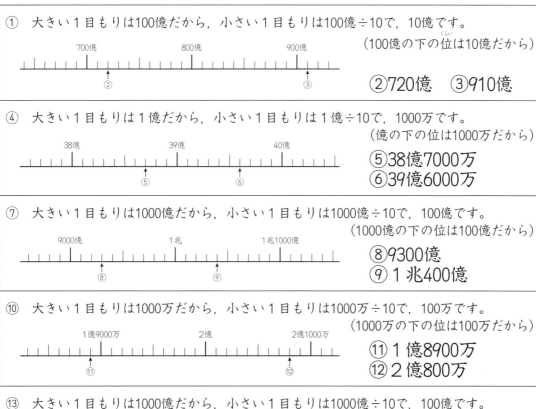

年　組　番　名前

7 四《し》捨《しゃ》五《ご》入《にゅう》　整数

答えだけ言いましょう。

	○	●	◎	❀
①	31585 千の位《くらい》までの がい数	3651 上から２けたの がい数	24802 1万の位までの がい数	3653 上から２けたの がい数
②	56459 千の位までの がい数	72485 上から２けたの がい数	51645 百の位までの がい数	72485 上から１けたの がい数
③	4777 百の位までの がい数	56139 上から１けたの がい数	4706 千の位までの がい数	56139 上から２けたの がい数
④	436786 1万の位までの がい数	24053 上から１けたの がい数	6780 百の位までの がい数	2478 上から１けたの がい数
⑤	1784 十の位までの がい数	4935 上から１けたの がい数	1791 十の位までの がい数	3029 上から２けたの がい数

※１分間にどこまで言えるかな？　目標《もくひょう》は１分で20問

7 四捨五入《ししゃごにゅう》　整数

年　組　番　名前

記録表《きろくひょう》

月／日	何こ	月／日	何こ	月／日	何こ	月／日	何こ
／		／		／		／	
／		／		／		／	
／		／		／		／	
／		／		／		／	
／		／		／		／	
／		／		／		／	

いくつできたか記録しましょう。

答え

	○	●	◎	✿
①	31585 千の位《くらい》までのがい数 32000	3651 上から２けたのがい数 3700	24802 1万の位までのがい数 20000	3653 上から２けたのがい数 3700
②	56459 千の位までのがい数 56000	72485 上から２けたのがい数 72000	51645 百の位までのがい数 51600	72485 上から１けたのがい数 70000
③	4777 百の位までのがい数 4800	56139 上から１けたのがい数 60000	4706 千の位までのがい数 5000	56139 上から２けたのがい数 56000
④	436786 1万の位までのがい数 440000	24053 上から１けたのがい数 20000	6780 百の位までのがい数 6800	2478 上から１けたのがい数 2000
⑤	1784 十の位までのがい数 1780	4935 上から１けたのがい数 5000	1791 十の位までのがい数 1790	3029 上から２けたのがい数 3000

年　組　番　名前

8 四角形の名前とわけを言いましょう

1回目は答えのほうを見て，正しく言いましょう。

	○	●	◎
①	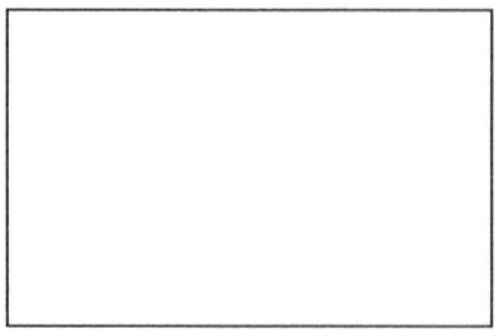	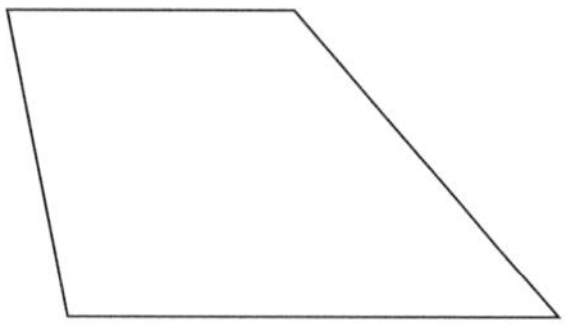	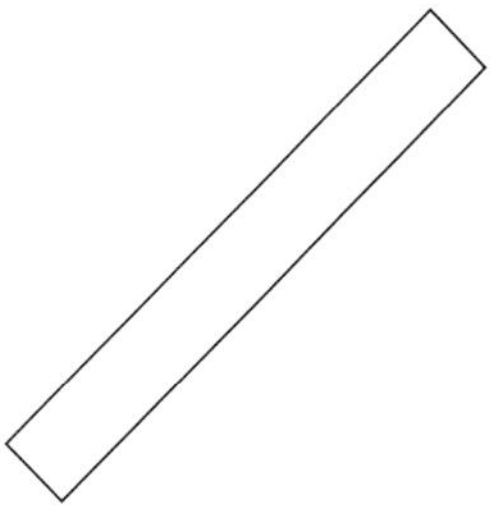
②	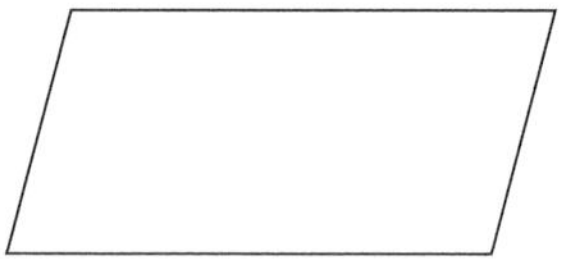	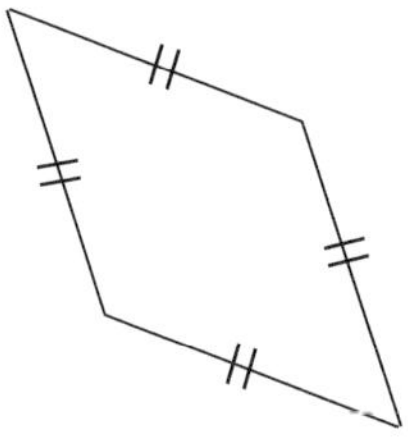	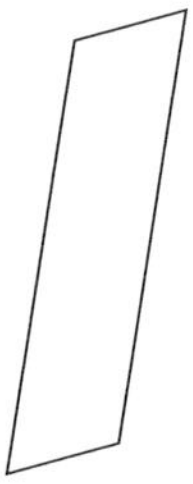
③	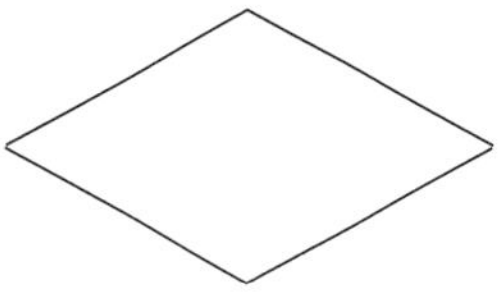	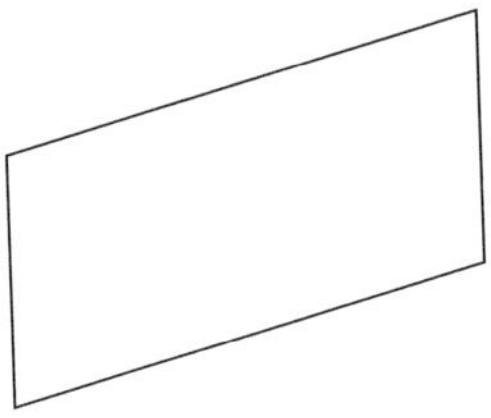	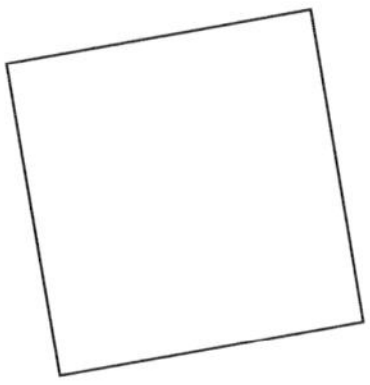
④	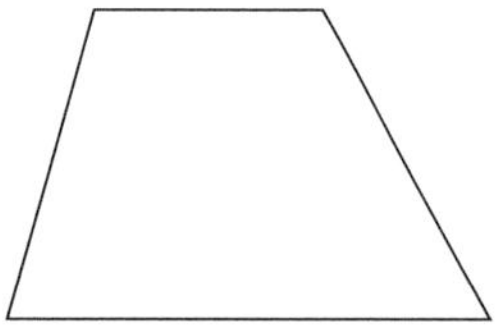	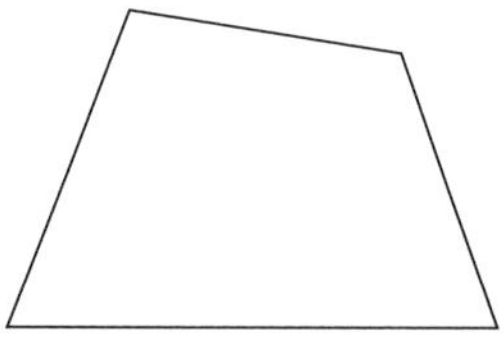	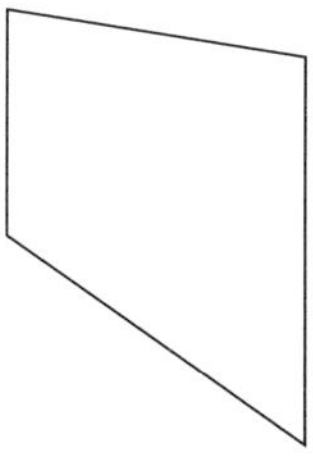
⑤		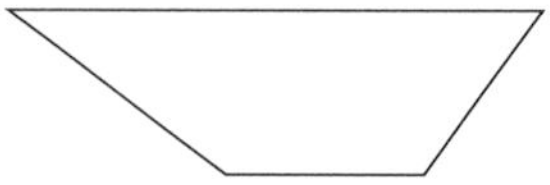	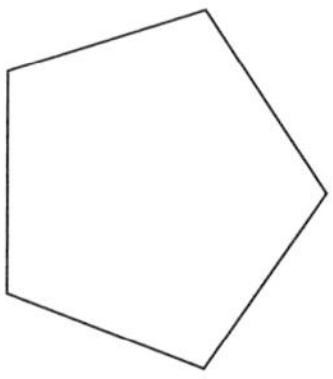

8 四角形の名前とわけを言いましょう

年　組　番　名前

記録表《きろくひょう》

月／日	何こ	月／日	何こ	月／日	何こ	月／日	何こ
／		／		／		／	
／		／		／		／	
／		／		／		／	
／		／		／		／	
／		／		／		／	
／		／		／		／	

いくつできたか記録しましょう。

答え

	○	●	◎
①	４つの角が直角の四角形だから 長方形 	向かい合った１組の辺が平行だから 台形 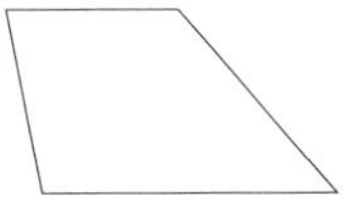	４つの角が直角の四角形だから 長方形 
②	向かい合った２組の辺《へん》が平行だから 平行四辺形 	４つの辺の長さが等しいから ひし形 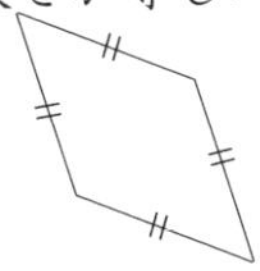	向かい合った２組の辺が平行だから 平行四辺形 
③	４つの辺の長さが等しいから ひし形 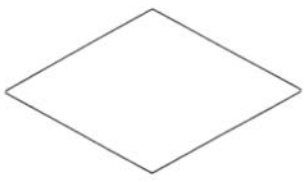	向かい合った２組の辺が平行だから 平行四辺形 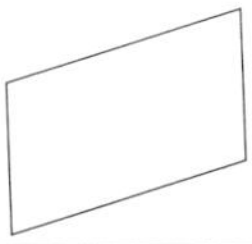	辺の長さがすべて等しく，また角の大きさがすべて等しいから 正方形 
④	向かい合った１組の辺が平行だから 台形 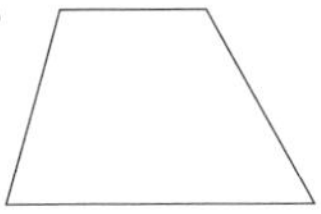	四角形 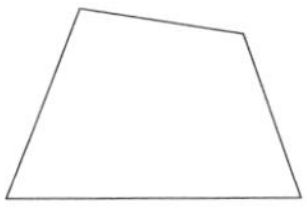	向かい合った１組の辺が平行だから 台形 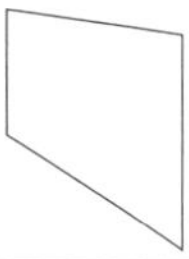
⑤	辺の長さがすべて等しく，また角の大きさがすべて等しいから 正方形 	向かい合った１組の辺が平行だから 台形 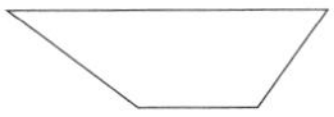	５つの直線でかこまれた形だから 五角形 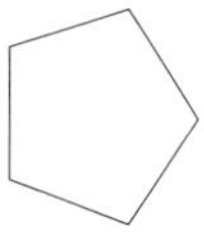

年　組　番　名前

9 四角形

□にあてはまる数字，（　　）にあてはまる言葉を言いましょう。

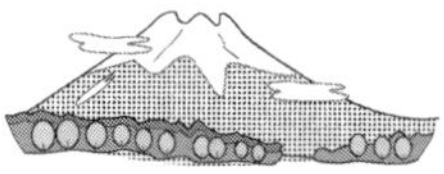

	○	●	◎
①	長方形 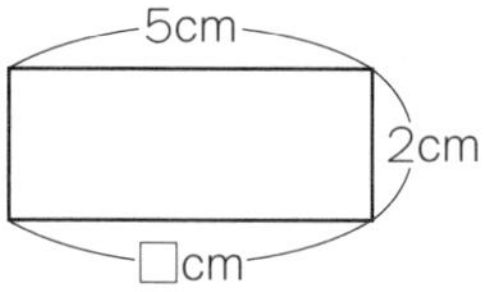 5cm 2cm □cm	平行四辺形 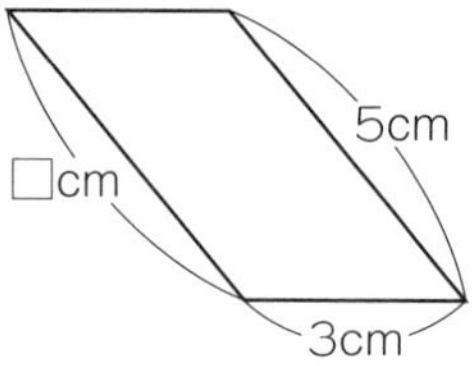 5cm □cm 3cm	辺《へん》の長さがすべて等しい四角形を（　　）といいます。
②	正方形 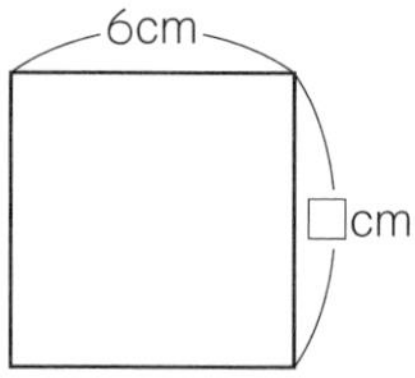 6cm □cm	ひし形 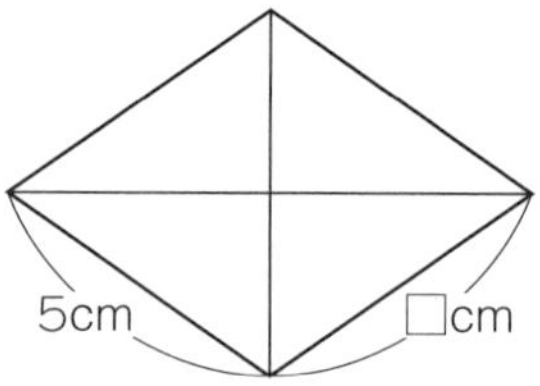 5cm □cm	向かい合う１組の辺が平行な四角形を（　　）といいます。
③	長方形 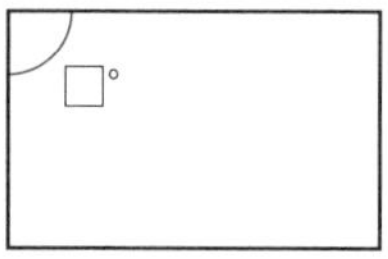 □°	長方形 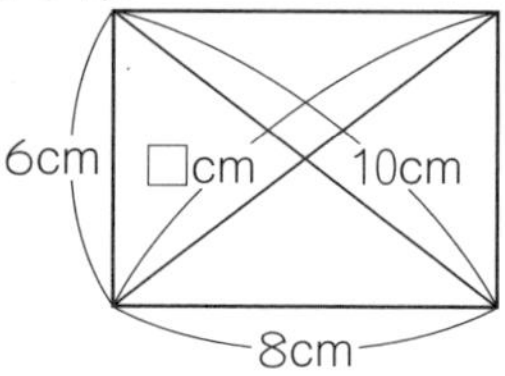 6cm □cm 10cm 8cm	向かい合う２組の辺がどちらも平行になっている四角形を（　　）といいます。
④	正方形 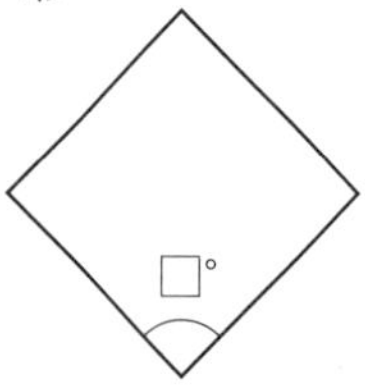 □°	たて４cm，横６cmの長方形のまわりの長さは□cmです。	平行四辺形の向かい合う辺の長さは，（　　）なっています。
⑤	平行四辺形 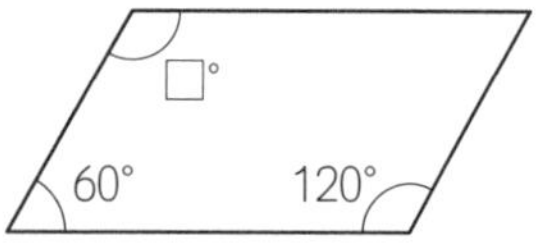 □° 60° 120°	１辺が３cmの正方形のまわりの長さは□cmです。	辺の長さがすべて等しく，また角の大きさがすべて等しい四角形を（　　）といいます。

9 四角形

年　組　番　名前

記録表《きろくひょう》

月／日	何こ	月／日	何こ	月／日	何こ	月／日	何こ
／		／		／		／	
／		／		／		／	
／		／		／		／	
／		／		／		／	
／		／		／		／	
／		／		／		／	

いくつできたか記録しましょう。

答え

	○	●	◎
①	長方形 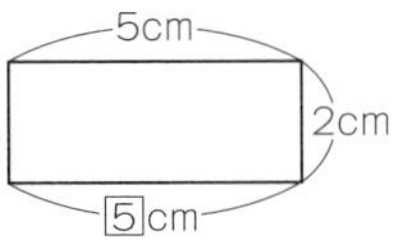 5cm 2cm 5cm	平行四辺形 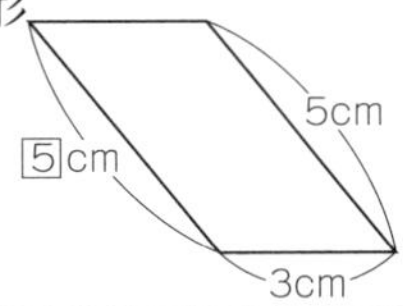 5cm 5cm 3cm	辺の長さがすべて等しい四角形を（ひし形）といいます。
②	正方形 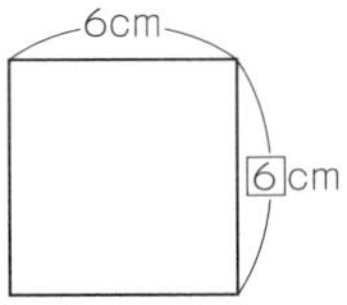 6cm 6cm	ひし形 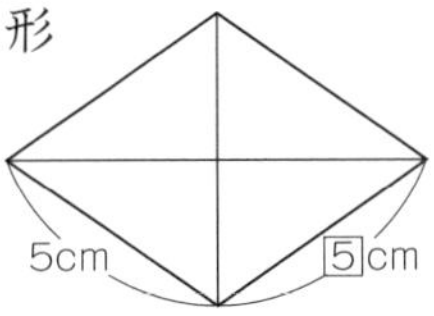 5cm 5cm	向かい合う１組の辺が平行な四角形を（台形）といいます。
③	長方形 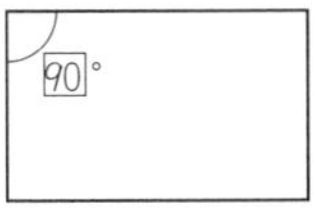 90°	長方形 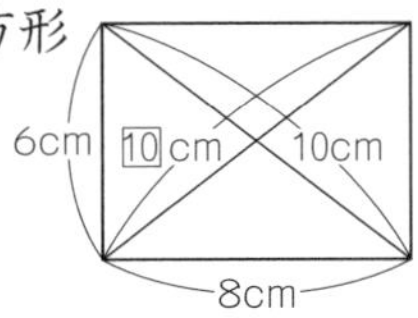 6cm 10cm 10cm 8cm	向かい合う２組の辺がどちらも平行になっている四角形を（平行四辺形）といいます。
④	正方形 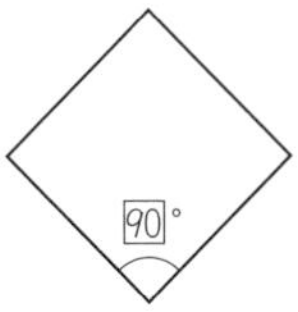 90°	たて４cm，横６cm の長方形のまわりの長さは 20 cm です。	平行四辺形の向かい合う辺の長さは，（等しく）なっています。
⑤	平行四辺形 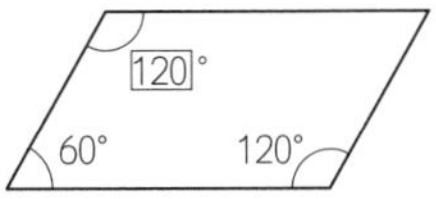 120° 60° 120°	１辺が３cm の正方形のまわりの長さは 12 cm です。	辺の長さがすべて等しく，また角の大きさがすべて等しい四角形を（正方形）といいます。

10 面積《めんせき》

次の形の面積を求《もと》めましょう。

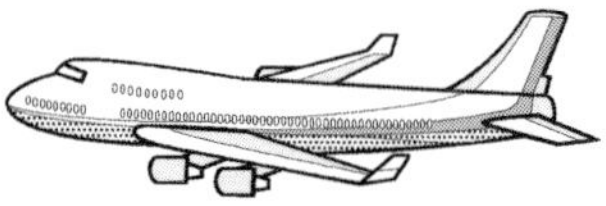

	○	●	❀
①	たて６cm，横５cm の長方形の面積 式　　答	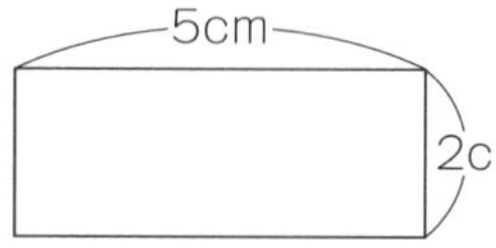5cm 2cm 式　　答	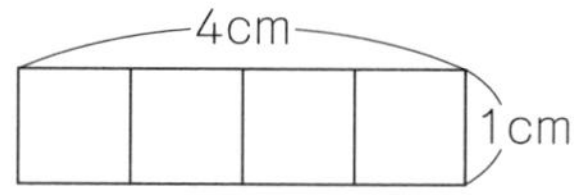4cm 1cm 式　　答
②	たて10cm，横７cm の長方形の面積 式　　答	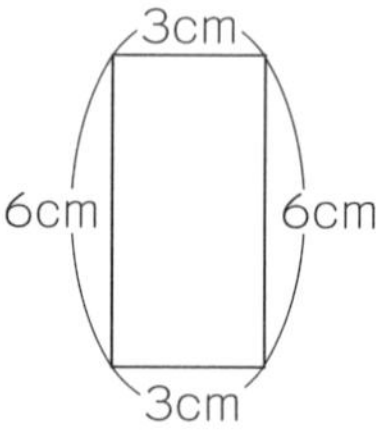3cm 6cm 6cm 3cm 式　　答	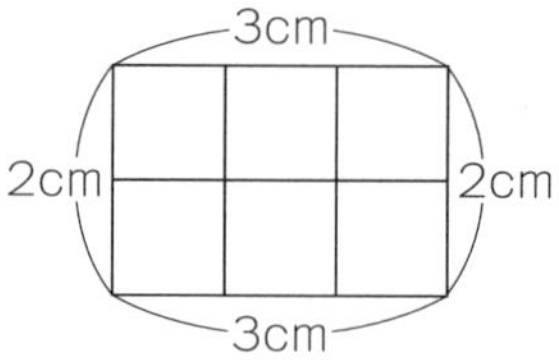3cm 2cm 2cm 3cm 式　　答
③	１辺《ぺん》が８cm の正方形 の面積 式　　答	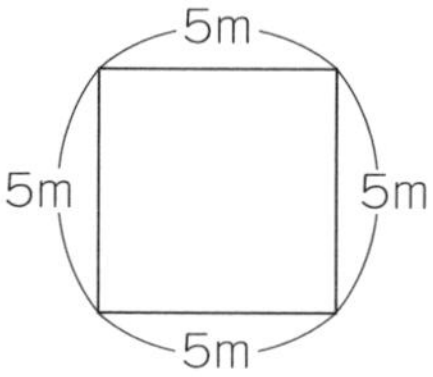5m 5m 5m 5m 式　　答	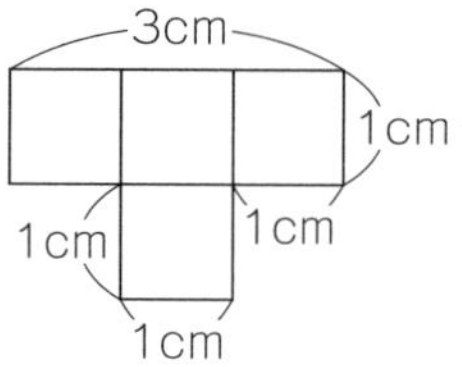3cm 1cm 1cm 1cm 1cm 式　　答
④	１辺が10mの正方形の 面積 式　　答	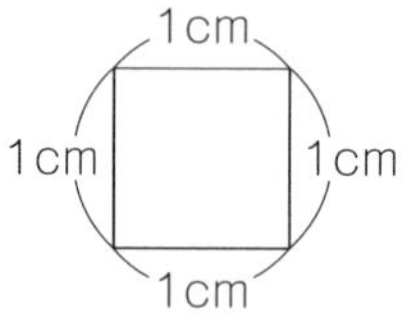1cm 1cm 1cm 1cm 式　　答	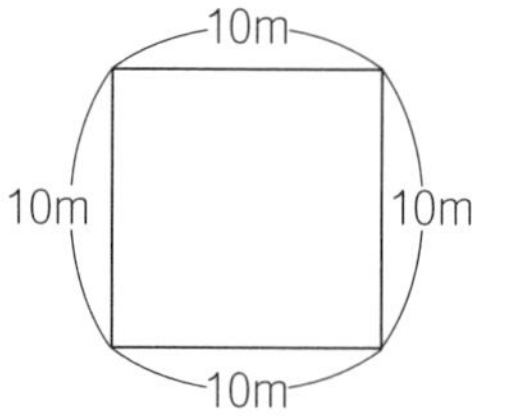10m 10m 10m 10m 式　　答
⑤	たて５m，横7mの 長方形の面積 式　　答	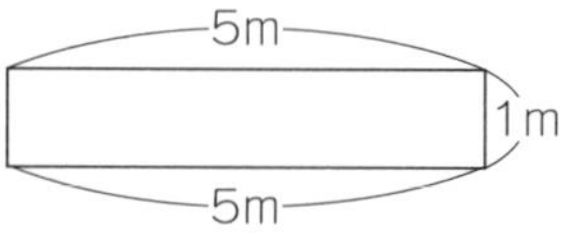5m 1m 5m 式　　答	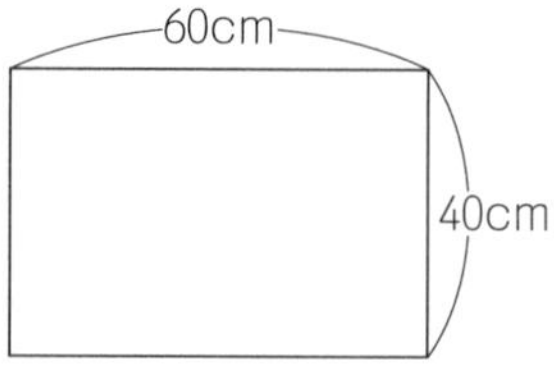60cm 40cm 式　　答

10 面積《めんせき》

年　組　番　名前

記録表《きろくひょう》

月／日	何こ	月／日	何こ	月／日	何こ	月／日	何こ
／		／		／		／	
／		／		／		／	
／		／		／		／	
／		／		／		／	
／		／		／		／	
／		／		／		／	

いくつできたか記録しましょう。

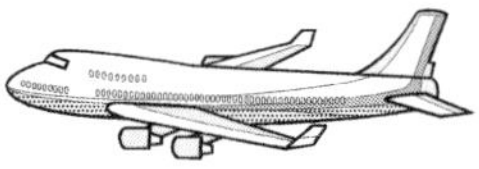

答え

	○	●	◎
①	たて6cm，横5cmの長方形の面積 6 × 5 = 30 30cm^2	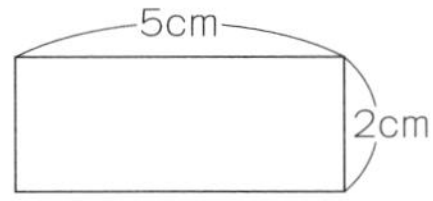 5 × 2 = 10　10cm^2	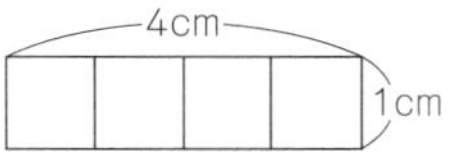 4cm^2
②	たて10cm，横7cmの長方形の面積 10 × 7 = 70 70cm^2	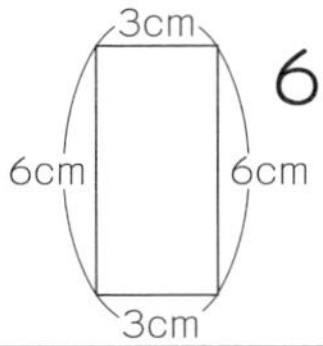 6 × 3 = 18 18cm^2	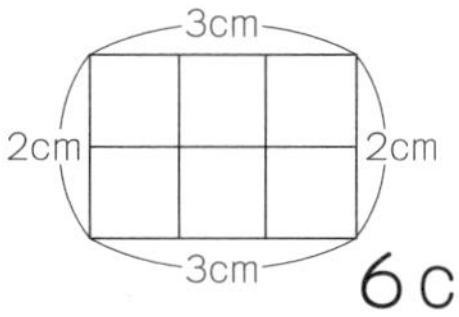 6cm^2
③	1辺《べん》が8cmの正方形の面積 8 × 8 = 64 64cm^2	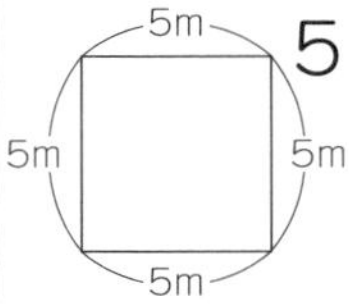 5 × 5 = 25 25m^2	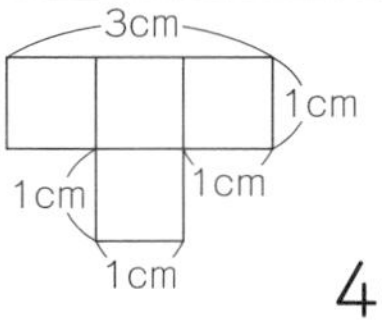 4cm^2
④	1辺が10mの正方形の面積 10 × 10 = 100 100m^2	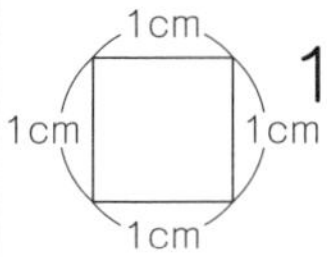 1 × 1 = 1 1cm^2	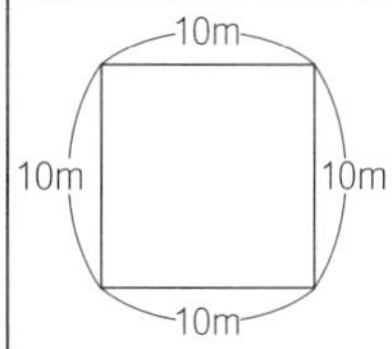 10 × 10 = 100 100m^2
⑤	たて5m，横7mの長方形の面積 5 × 7 = 35 35m^2	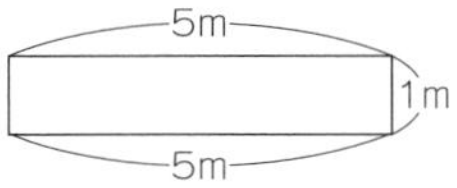 5 × 1 = 5　5m^2	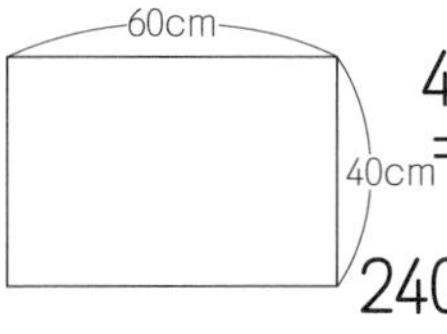 40 × 60 = 2400 2400cm^2

年　組　番　名前

11 面積《めんせき》の単位《たんい》

文も全部言いましょう。数回やったら◎から始めましょう。

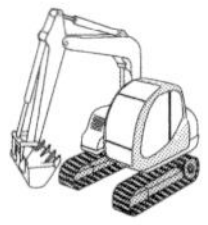

	○
①	右の正方形の面積 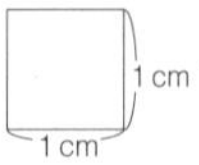1 cm 1 cm 1 (　)
②	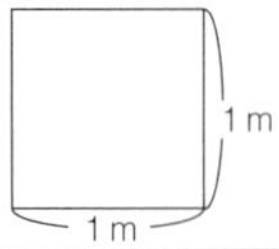1 m 1 m の面積　1 (　)
③	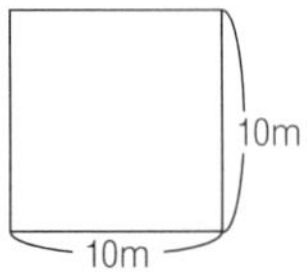10m 10m 1 (　)
④	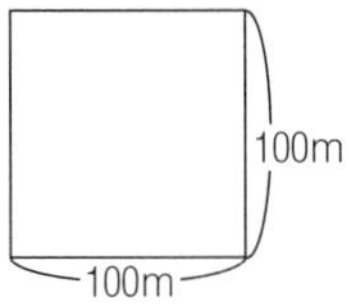100m 100m 1 (　)
⑤	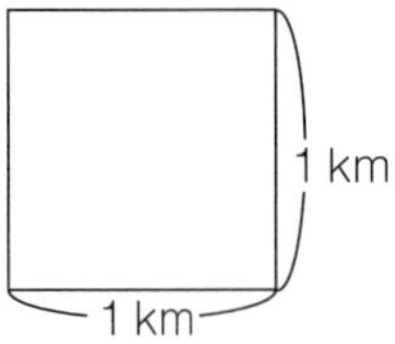1 km 1 km 1 (　)
⑥	1 m^2《平方メートル》とは，(　《なに》　) が (　《どれだけ》　) の (　《な に》　形《けい》) の面積です。
⑦	1 km^2とは，(　《なに》　) が (　《どれだけ》　) の (　《な に》　形《けい》) の面積です。
⑧	1 a《アール》とは，(　《なに》　) が (　《どれだけ》　) の (　《な に》　形《けい》) の面積です。
⑨	1 ha《ヘクタール》とは，(　《なに》　) が (　《どれだけ》　) の (　《な に》　形《けい》) の面積です。
⑩	1 cm^2とは，(　《なに》　) が (　《どれだけ》　) の (　《な に》　形《けい》) の面積です。

	◎
⑪	1 m^2は，1 cm^2の正方形が (□×□) こだから (　　　　) cm^2です。
⑫	1 aは，1 m^2の正方形が (□×□) こだから (　　　　) m^2です。
⑬	1 ha は，1 m^2の正方形が (□×□) こだから (　　　　) m^2です。
⑭	1 km^2は，1 m^2の正方形が (□×□) こだから (　　　　) m^2です。
⑮	1 m^2 =　　　　cm^2
⑯	1 km^2 =　　　　m^2
⑰	1 a =　　　　m^2
⑱	1 ha =　　　　m^2
⑲	1 ha =　　　　a
⑳	1 km^2 =　　　　ha
㉑	1 km^2 =　　　　a
㉒	10000 cm^2 =　　　　m^2

※1分間にどこまで言えるかな。

11 面積《めんせき》の単位《たんい》

年　組　番　名前

記録表《きろくひょう》

月／日	何こ	月／日	何こ	月／日	何こ	月／日	何こ
／		／		／		／	
／		／		／		／	
／		／		／		／	
／		／		／		／	
／		／		／		／	
／		／		／		／	

いくつできたか記録しましょう。

答え

	○
①	右の正方形の面積 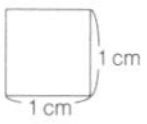 1 cm^2《平方センチメートル》
②	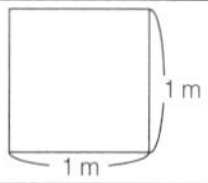 1 m^2《平方メートル》
③	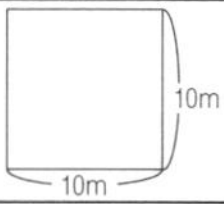 1 a《アール》
④	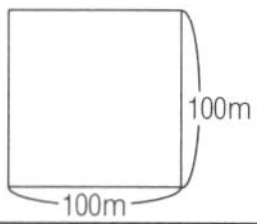 1 ha《ヘクタール》
⑤	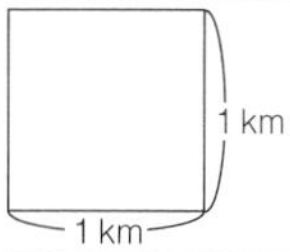 1 km^2《平方キロメートル》
⑥	1 m^{2}とは，一辺が1 mの正方形の面積です。 または，一辺が100cm の正方形の面積です。
⑦	1 km^{2}とは，一辺が1km の正方形の面積です。 または，一辺が1000 mの正方形の面積です。
⑧	1 aとは，一辺が10 mの正方形の面積です。
⑨	1 ha とは，一辺が100 mの正方形の面積です。
⑩	1 cm^{2}とは，一辺が1cm の正方形の面積です。

	◎
⑪	1 m^{2}は，1 cm^{2}の正方形が(100×100)こだから10000cm^{2}です。 0は4こ
⑫	1 aは，1 m^{2}の正方形が(10×10)こだから100 m^{2}です。
⑬	1 ha は，1 m^{2}の正方形が（100×100）こだから10000 m^{2}です。
⑭	1 km^{2}は，1 m^{2}の正方形が（1000×1000）こだから1000000《百万》m^{2}です。 0は6こ
⑮	1 m^2＝10000cm^2 0は4こ
⑯	1 km^2＝1000000《百万》m^2 0は6こ
⑰	1 a＝100 m^2
⑱	1 ha ＝10000 m^2
⑲	1 ha ＝100 a
⑳	1 km^2＝100ha
㉑	1 km^2＝10000 a
㉒	10000cm^2＝ 1 m^2

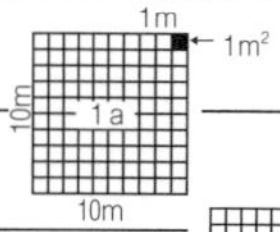

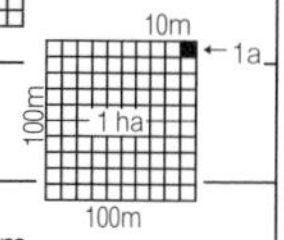

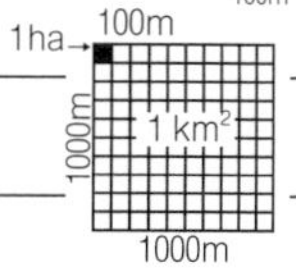

年　組　番　名前

12 商《しょう》を立てるときの九九を言いましょう

あまりは言わなくてよい。

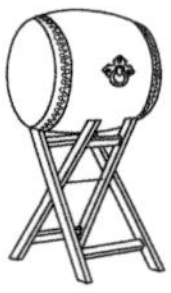

十の位《くらい》と一の位，両方の九九を言う問題もあります。

	○	●	◎	✿
①	2)19	4)11	6)19	8)9
②	2)3	4)40	6)9	8)43
③	2)15	4)34	6)60	8)67
④	2)11	4)44	6)40	8)35
⑤	2)8	4)29	6)58	8)29
⑥	3)24	5)27	7)21	9)11
⑦	3)20	5)11	7)19	9)27
⑧	3)15	5)50	7)60	9)50
⑨	3)5	5)49	7)47	9)99
⑩	3)11	5)44	7)70	9)44

※１分間にどこまで言えるかな？　目標《もくひょう》は１分で40問

12 商《しょう》を立てるときの九九を言いましょう　　年　　組　　番　　名前

記録表《きろくひょう》

月／日	何こ	月／日	何こ	月／日	何こ	月／日	何こ
／		／		／		／	
／		／		／		／	
／		／		／		／	
／		／		／		／	
／		／		／		／	
／		／		／		／	

いくつできたか記録しましょう。

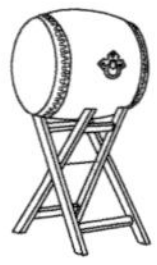

答え

	○	●	◎	✿
①	19÷2 二九　18	11÷4 四二が　8	19÷6 六三　18	9÷8 八一が8
②	3÷2 二一が2	40÷4 四一が4　四れいが0	9÷6 六一が6	43÷8 八五　40
③	15÷2 二七　14	34÷4 四八　32	60÷6 六一が6　六れいが0	67÷8 八八　64
④	11÷2 二五　10	44÷4 四一が4四一が4	40÷6 六六　36	35÷8 八四　32
⑤	8÷2 二四が8	29÷4 四七　28	58÷6 六九　54	29÷8 八三　24
⑥	24÷3 三八　24	27÷5 五五　25	21÷7 七三　21	11÷9 九一が9
⑦	20÷3 三六　18	11÷5 五二　10	19÷7 七二　14	27÷9 九三　27
⑧	15÷3 三五　15	50÷5 五一が5　五れいが0	60÷7 七八　56	50÷9 九五　45
⑨	5÷3 三一が3	49÷5 五九　45	47÷7 七六　42	99÷9 九一が9　九一が9
⑩	11÷3 三三が9	44÷5 五八　40	70÷7 七一が7　七れいが0	44÷9 九四　36

年　組　番　名前

13 何十，何百÷□

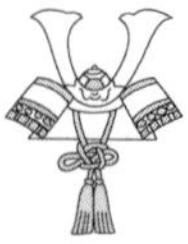

	○	●	◎
①	⑩⑩⑩⑩⑩ ⑩ 60 ÷ 3	120 ÷ 2	210 ÷ 3
②	⑩⑩⑩⑩⑩ ⑩ 60 ÷ 2	150 ÷ 3	360 ÷ 6
③	⑩⑩⑩⑩ 40 ÷ 2	120 ÷ 6	810 ÷ 9
④	⑩⑩⑩⑩ 40 ÷ 4	200 ÷ 5	600 ÷ 2
⑤	⑩⑩⑩⑩⑩ ⑩⑩⑩⑩ 90 ÷ 3	80 ÷ 8	800 ÷ 4
⑥	⑩⑩⑩⑩⑩ ⑩⑩⑩ 80 ÷ 4	100 ÷ 5	900 ÷ 3
⑦	90 ÷ 3	180 ÷ 3	1600 ÷ 4
⑧	50 ÷ 1	80 ÷ 1	1400 ÷ 2
⑨	60 ÷ 6	140 ÷ 7	1500 ÷ 3
⑩	80 ÷ 2	90 ÷ 1	2400 ÷ 3

※１分間にどこまで言えるかな？　目標《もくひょう》は１分で30問

13 何十，何百÷□

年　組　番　名前

記《き》録《ろく》表《ひょう》

月／日	何こ	月／日	何こ	月／日	何こ	月／日	何こ
／		／		／		／	
／		／		／		／	
／		／		／		／	
／		／		／		／	
／		／		／		／	
／		／		／		／	

いくつできたか記録しましょう。

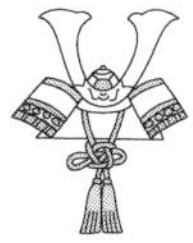

答え

	○	●	◎
①	⑩⑩⑩⑩⑩ ⑩÷3 20	120÷2 60	210÷3 70
②	⑩⑩⑩⑩⑩ ⑩÷2 30	150÷3 50	360÷6 60
③	⑩⑩⑩⑩÷2 20	120÷6 20	810÷9 90
④	⑩⑩⑩⑩÷4 10	200÷5 40	600÷2 300
⑤	⑩⑩⑩⑩⑩ ⑩⑩⑩⑩÷3 30	80÷8 10	800÷4 200
⑥	⑩⑩⑩⑩⑩ ⑩⑩⑩÷4 20	100÷5 20	900÷3 300
⑦	90÷3 30	180÷3 60	1600÷4 400
⑧	50÷1 50	80÷1 80	1400÷2 700
⑨	60÷6 10	140÷7 20	1500÷3 500
⑩	80÷2 40	90÷1 90	2400÷3 800

年　組　番　名前

14 わり算 □□÷1けた=□□

	○	●	◎	❁
①	⑩⑩⑩⑩ 40÷2	⑩⑩①①①① 24÷2	⑩⑩⑩ 30÷2	32÷4
②	⑩⑩⑩⑩⑩⑩ 60÷2	68÷2	56÷4	70÷2
③	90÷3	96÷3	45÷3	90÷9
④	50÷5	84÷4	72÷4	55÷5
⑤	80÷4	77÷7	81÷3	56÷7
⑥	20÷2	27÷3	96÷4	90÷6
⑦	60÷3	81÷9	60÷5	64÷8
⑧	80÷2	54÷6	56÷2	80÷2
⑨	30÷3	32÷8	96÷6	48÷4
⑩	70÷7	40÷5	75÷3	60÷4

※1分間にどこまで言えるかな？　目標《もくひょう》は1分で40問

14 わり算　□□÷1けた=□□

年　組　番　名前

記録表《きろくひょう》

月／日	何こ	月／日	何こ	月／日	何こ	月／日	何こ
／		／		／		／	
／		／		／		／	
／		／		／		／	
／		／		／		／	
／		／		／		／	
／		／		／		／	

いくつできたか記録しましょう。

答え

	○	●	◎	❁
①	⑩⑩⑩⑩ 40÷2 20	⑩⑩①①①① 24÷2 12	⑩⑩⑩ 30÷2 15	32÷4 8
②	⑩⑩⑩⑩⑩⑩ 60÷2 30	68÷2 34	56÷4 14	70÷2 35
③	90÷3 30	96÷3 32	45÷3 15	90÷9 10
④	50÷5 10	84÷4 21	72÷4 18	55÷5 11
⑤	80÷4 20	77÷7 11	81÷3 27	56÷7 8
⑥	20÷2 10	27÷3 9	96÷4 24	90÷6 15
⑦	60÷3 20	81÷9 9	60÷5 12	64÷8 8
⑧	80÷2 40	54÷6 9	56÷2 28	80÷2 40
⑨	30÷3 10	32÷8 4	96÷6 16	48÷4 12
⑩	70÷7 10	40÷5 8	75÷3 25	60÷4 15

年　組　番　名前

15 何十，何百，何百何十÷□

	○	●	◎
①	⑩⑩⑩⑩⑩ ⑩ ÷30 60	30÷30	210÷30
②	⑩⑩⑩⑩⑩ ⑩ ÷20 60	150÷30	360÷60
③	⑩⑩⑩⑩ ÷20 40	120÷ 6	810÷ 9
④	⑩⑩⑩⑩ ÷40 40	200÷ 5	160÷ 2
⑤	⑩⑩⑩⑩⑩ ⑩⑩⑩⑩ ÷30 90	80÷80	350÷70
⑥	⑩⑩⑩⑩⑩ ⑩⑩⑩ ÷40 80	100÷50	280÷70
⑦	90 ÷ 3	180÷ 3	240÷ 6
⑧	50 ÷10	80÷10	720÷80
⑨	60 ÷30	140÷70	320÷40
⑩	80 ÷ 2	90÷10	300÷ 5

※１分間にどこまで言えるかな？　目標《もくひょう》は１分で30問

15 何十，何百，何百何十÷□

年　組　番　名前

記録表《きろくひょう》

月／日	何こ	月／日	何こ	月／日	何こ	月／日	何こ
／		／		／		／	
／		／		／		／	
／		／		／		／	
／		／		／		／	
／		／		／		／	
／		／		／		／	

いくつできたか記録しましょう。

答え

	○	●	◎
①	⑩⑩⑩⑩⑩　⑩　÷30 2	30÷30 1	210÷30 7
②	⑩⑩⑩⑩⑩　⑩　÷20 3	150÷30 5	360÷60 6
③	⑩⑩⑩⑩　÷20 2	120÷ 6 20	810÷ 9 90
④	⑩⑩⑩⑩　÷40 1	200÷ 5 40	160÷ 2 80
⑤	⑩⑩⑩⑩⑩　⑩⑩⑩⑩÷30 3	80÷80 1	350÷70 5
⑥	⑩⑩⑩⑩⑩　⑩⑩⑩　÷40 2	100÷50 2	280÷70 4
⑦	90÷ 3 30	180÷ 3 60	240÷ 6 40
⑧	50÷10 5	80÷10 8	720÷80 9
⑨	60÷30 2	140÷70 2	320÷40 8
⑩	80÷ 2 40	90÷10 9	300÷ 5 60

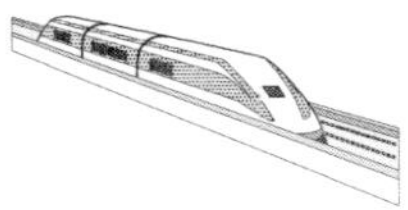

年　組　番　名前

16 □を求《もと》める式とわけを言いましょう

はじめは答えを見て言い方の練習をしましょう。

	○	◎
①	36m　36m　36m □m 36mが△つ分あるから△×△	□kg　□kg　□kg　□kg　□kg　□kg 780kg 780kgの△等分だから△÷△
②	□人　□人　□人　□人　□人 240人	150m　150m　150m □m
③	15m　15m　15m　15m □m	□m　□m　□m　□m 700m
④	12kg　12kg　12kg　12kg　12kg　12kg □kg	50円　50円　50円　50円　50円　50円　50円　50円 □円

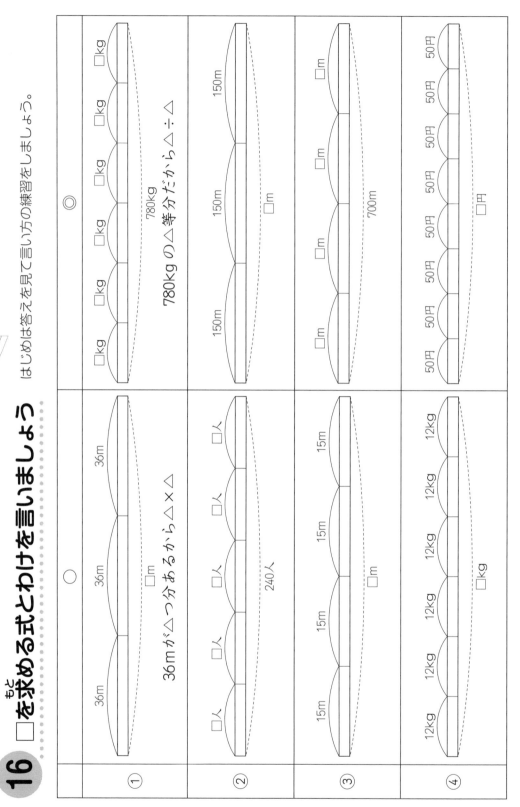

16 □を求《もと》める式とわけを言いましょう

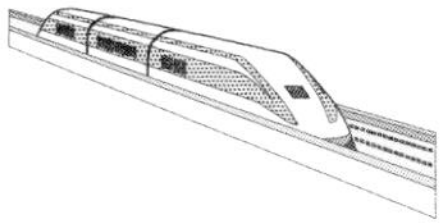

年　組　番　名前

答え

	○	◎
①	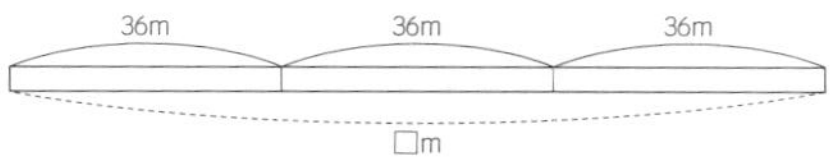 36mが3《みっ》つ分あるから36 × 3	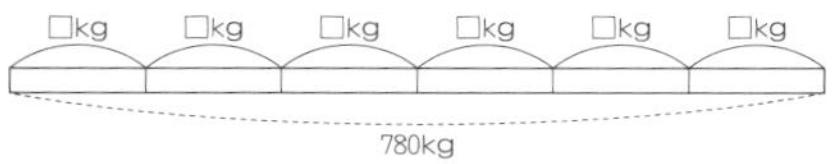 780kgの6等分だから780 ÷ 6
②	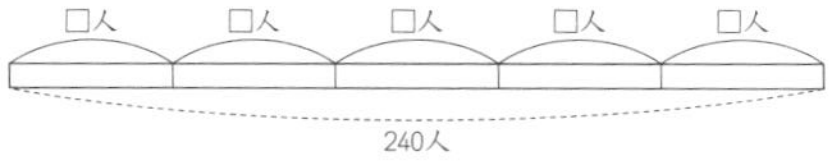 240人の5等分だから240 ÷ 5	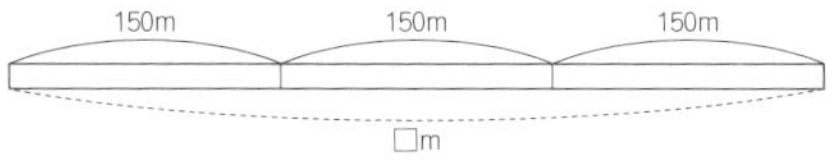 150mが3つ分あるから150 × 3
③	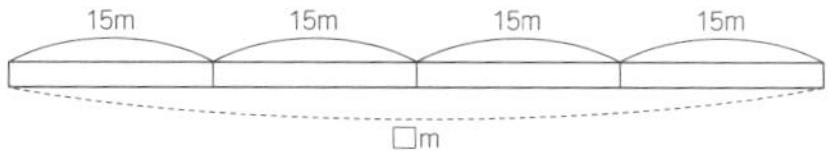 15mが4《よっ》つ分あるから15 × 4	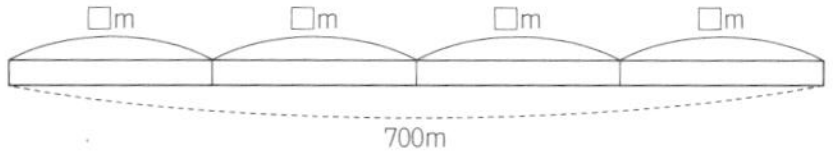 700mの4等分だから700 ÷ 4
④	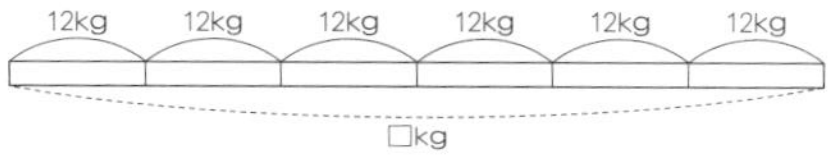 12kgが6《むっ》つ分あるから12 × 6	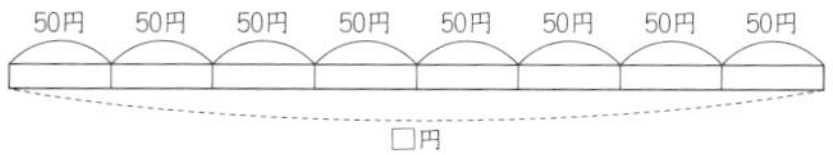 50円が8《やっ》つ分あるから50 × 8

記録表《きろくひょう》

月／日	何こ	月／日	何こ
／		／	
／		／	
／		／	
／		／	
／		／	
／		／	
／		／	
／		／	
／		／	
／		／	
／		／	
／		／	

いくつできたか記録しましょう。

年　組　番　名前

17 整数×÷10，100

	○	●	◎
①	20×10	20÷10	200＝100×□
②	65×10	60÷10	30＝10×□
③	700×10	6÷10	800＝100×□
④	12×10	13÷10	700＝7×□
⑤	340×10	4500÷10	120＝12×□
⑥	502×10	5000÷100	1300＝13×□
⑦	4×100	80÷100	1050＝10×□
⑧	17×100	1000÷100	3400＝100×□
⑨	90×100	100÷100	3040＝10×□
⑩	960×100	180÷100	2400＝100×□

※１分間にどこまで言えるかな？　目標《もくひょう》は１分で30問

17 整数×÷10，100

年　組　番　名前

記《き》録《ろく》表《ひょう》

月／日	何こ	月／日	何こ	月／日	何こ	月／日	何こ
／		／		／		／	
／		／		／		／	
／		／		／		／	
／		／		／		／	
／		／		／		／	
／		／		／		／	

いくつできたか記録しましょう。

答え

	○	●	◎
①	20×10 200	20÷10 2	200＝100×□ 2
②	65×10 650	60÷10 6	30＝10×□ 3
③	700×10 7000	6÷10 0.6	800＝100×□ 8
④	12×10 120	13÷10 1.3	700＝7×□ 100
⑤	340×10 3400	4500÷10 450	120＝12×□ 10
⑥	502×10 5020	5000÷100 50	1300＝13×□ 100
⑦	4 ×100 400	80÷100 0.8	1050＝10×□ 105
⑧	17×100 1700	1000÷100 10	3400＝100×□ 34
⑨	90×100 9000	100÷100 1	3040＝10×□ 304
⑩	960×100 96000	180÷100 1.8	2400＝100×□ 24

年　組　番　名前

18 たして100になる数

計算の工夫《くふう》に役立てましょう。

○	●	◎	❁
① 47 +□□ 100	⑦ 55 +□□ 100	⑬ 31 +□□ 100	⑲ 7 +□□ 100
② 49 +□□ 100	⑧ 58 +□□ 100	⑭ 38 +□□ 100	⑳ 6 +□□ 100
③ 76 +□□ 100	⑨ 66 +□□ 100	⑮ 13 +□□ 100	㉑ 41 +□□ 100
④ 78 +□□ 100	⑩ 62 +□□ 100	⑯ 16 +□□ 100	㉒ 99 +□□ 100
⑤ 12 +□□ 100	⑪ 94 +□□ 100	⑰ 30 +□□ 100	㉓ 86 +□□ 100
⑥ 17 +□□ 100	⑫ 96 +□□ 100	⑱ 60 +□□ 100	㉔ 23 +□□ 100

※１分間にどこまで言えるかな？　目標《もくひょう》は１分で24問

18 たして100になる数

年　組　番　名前

記録表《きろくひょう》

月／日	何こ	月／日	何こ	月／日	何こ	月／日	何こ
／		／		／		／	
／		／		／		／	
／		／		／		／	
／		／		／		／	
／		／		／		／	
／		／		／		／	

いくつできたか記録しましょう。

答え

○	●	◎	✿
① 47 + 53 = 100	⑦ 55 + 45 = 100	⑬ 31 + 69 = 100	⑲ 7 + 93 = 100
② 49 + 51 = 100	⑧ 58 + 42 = 100	⑭ 38 + 62 = 100	⑳ 6 + 94 = 100
③ 76 + 24 = 100	⑨ 66 + 34 = 100	⑮ 13 + 87 = 100	㉑ 41 + 59 = 100
④ 78 + 22 = 100	⑩ 62 + 38 = 100	⑯ 16 + 84 = 100	㉒ 99 + 1 = 100
⑤ 12 + 88 = 100	⑪ 94 + 6 = 100	⑰ 30 + 70 = 100	㉓ 86 + 14 = 100
⑥ 17 + 83 = 100	⑫ 96 + 4 = 100	⑱ 60 + 40 = 100	㉔ 23 + 77 = 100

年　組　番　名前

19 わり算のせいしつ

かん単《たん》な計算に直して計算しましょう。

わり算は両方の数字に同じ数をかけても，同じ数でわっても商《しょう》は変《か》わらない。

	○	◎
①	200÷50 =□÷5	300÷30 = ÷
②	3600÷400 =□÷4	600÷20 = ÷
③	4000÷800 =□÷8	1200÷600 = ÷
④	160÷80 =□÷8	12000÷4000 = ÷
⑤	2400÷60 =□÷6	32000÷8000 = ÷
⑥	2100÷700 = ÷	50000÷10000 = ÷
⑦	450÷50 = ÷	180000÷60000 = ÷
⑧	200÷10 = ÷	630000÷1000 = ÷
⑨	300÷100 = ÷	42万÷6万 = ÷
⑩	900÷10 = ÷	350万÷7万 = ÷

※1分間にどこまで言えるかな？　目標《もくひょう》は1分で20問

19 わり算のせいしつ

年　組　番　名前

記《き》録《ろく》表《ひょう》

月／日	何こ	月／日	何こ	月／日	何こ	月／日	何こ
／		／		／		／	
／		／		／		／	
／		／		／		／	
／		／		／		／	
／		／		／		／	
／		／		／		／	

いくつできたか記録しましょう。

答え

	○		◎	
①	200÷50 20÷5	両方を÷10 4	300÷30 30÷3	両方を÷10 10
②	3600÷400 36÷4	両方を÷100 9	600÷20 60÷2	両方を÷10 30
③	4000÷800 40÷8	両方を÷100 5	1200÷600 12÷6	両方を÷100 2
④	160÷80 16÷8	両方を÷10 2	12000÷4000 12÷4	両方を÷1000 3
⑤	2400÷60 240÷6	両方を÷10 40	32000÷8000 32÷8	両方を÷1000 4
⑥	2100÷700 21÷7	両方を÷100 3	50000÷10000 5÷1	両方を÷10000 5
⑦	450÷50 45÷5	両方を÷10 9	180000÷60000 18÷6	両方を÷10000 3
⑧	200÷10 20÷1	両方を÷10 20	630000÷1000 630÷1	両方を÷1000 630
⑨	300÷100 3÷1	両方を÷100 3	42万÷6万 42÷6	両方を÷10000 7
⑩	900÷10 90÷1	両方を÷10 90	350万÷7万 350÷7	両方を÷10000 50

年　組　番　名前

20 帯《たい》分数　仮《か》分数

1Lマスに水が入っています。何Lか，説明《せつめい》も言いましょう。

	○　わけと分数	仮分数で言うと	◎　わけと分数	仮分数で言うと
①	1Lと，1Lを3等分した○こ分だから 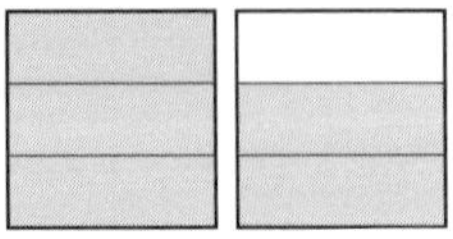 $\square\frac{\square}{\square}$L	$\frac{1}{\square}$Lが○こ分だから $\frac{\square}{\square}$L	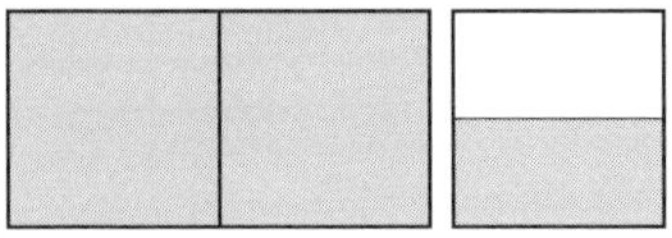 $\square\frac{\square}{\square}$L	$\frac{\square}{\square}$L
②	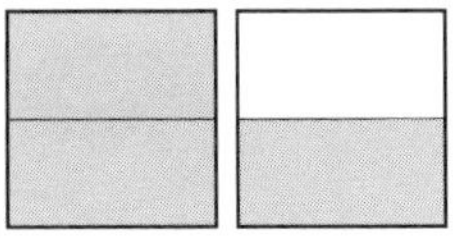 だから $\square\frac{\square}{\square}$L	$\frac{1}{\square}$Lが○こ分だから $\frac{\square}{\square}$L	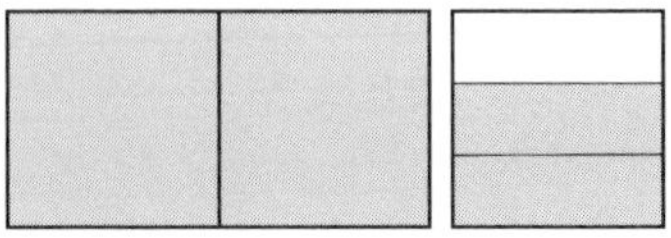 $\square\frac{\square}{\square}$L	$\frac{\square}{\square}$L
③	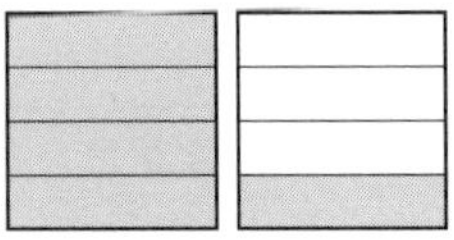 だから $\square\frac{\square}{\square}$L	$\frac{\square}{\square}$L	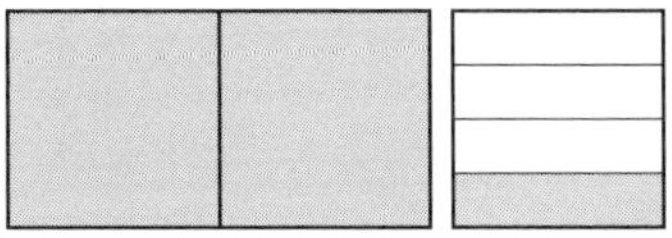 $\square\frac{\square}{\square}$L	$\frac{\square}{\square}$L
④	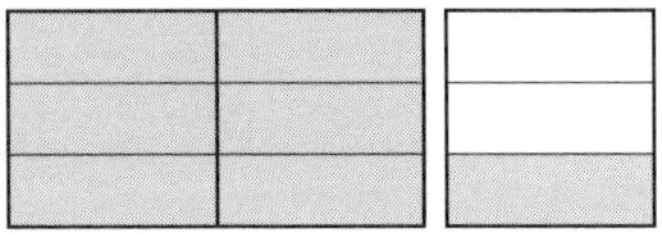 だから$\square\frac{\square}{\square}$L	$\frac{\square}{\square}$L	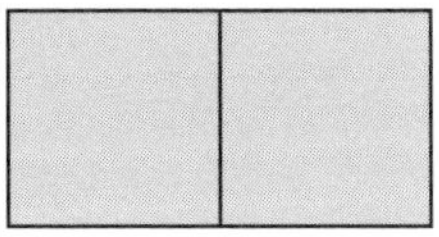 $\square\frac{\square}{\square}$L	$\frac{\square}{\square}$L
⑤	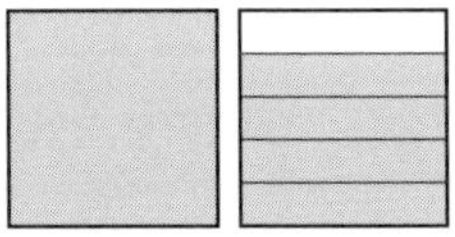 だから $\square\frac{\square}{\square}$L	$\frac{\square}{\square}$L	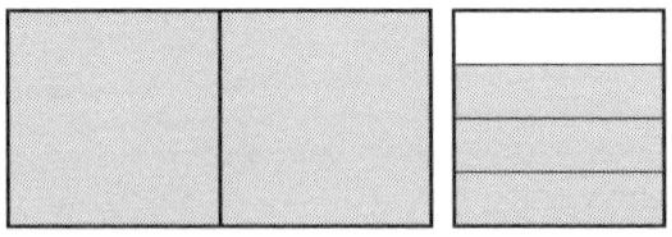 $\square\frac{\square}{\square}$L	$\frac{\square}{\square}$L
⑥	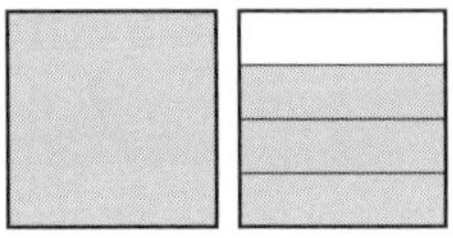 だから $\square\frac{\square}{\square}$L	$\frac{\square}{\square}$L	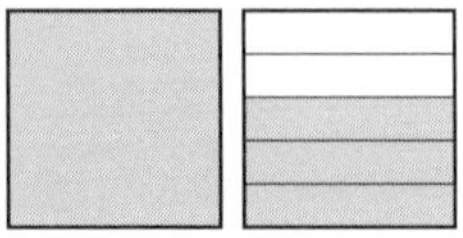 $\square\frac{\square}{\square}$L	$\frac{\square}{\square}$L

20 帯《たい》分数　仮《か》分数

年　組　番　名前

記録表《きろくひょう》

月／日	何こ	月／日	何こ	月／日	何こ	月／日	何こ
／		／		／		／	
／		／		／		／	
／		／		／		／	
／		／		／		／	
／		／		／		／	
／		／		／		／	

いくつできたか記録しましょう。

答え

	○	仮分数で言うと	◎	仮分数で言うと
①	1Lと，1Lを3等分した2こ分だから $1\frac{2}{3}$L	$\frac{1}{3}$Lが5こ分で $\frac{5}{3}$L	2Lと，1Lを2等分した1こ分だから $2\frac{1}{2}$L	$\frac{5}{2}$L
②	1Lと，1Lを2等分した1こ分だから $1\frac{1}{2}$L	$\frac{1}{2}$Lが3こ分で $\frac{3}{2}$L	2Lと，1Lを3等分した2こ分だから $2\frac{2}{3}$L	$\frac{8}{3}$L
③	1Lと，1Lを4等分した1こ分だから $1\frac{1}{4}$L	$\frac{1}{4}$Lが5こ分で $\frac{5}{4}$L	2Lと，1Lを4等分した1こ分だから $2\frac{1}{4}$L	$\frac{9}{4}$L
④	2Lと，1Lを3等分した1こ分だから $2\frac{1}{3}$L	$\frac{1}{3}$Lが7こ分で $\frac{7}{3}$L	2L	$\frac{2}{1}$L
⑤	1Lと，1Lを5等分した4こ分だから $1\frac{4}{5}$L	$\frac{1}{5}$Lが9こ分で $\frac{9}{5}$L	2Lと，1Lを4等分した3こ分だから $2\frac{3}{4}$L	$\frac{11}{4}$L
⑥	1Lと，1Lを4等分した3こ分だから $1\frac{3}{4}$L	$\frac{1}{4}$Lが7こ分で $\frac{7}{4}$L	1Lと，1Lを5等分した3こ分だから $1\frac{3}{5}$L	$\frac{8}{5}$L

年　組　番　名前

21 分数の数直線

↑のところをわけを言って仮《か》分数と帯《たい》分数で表しましょう。

分数にmはつけないで答えてよい。

①	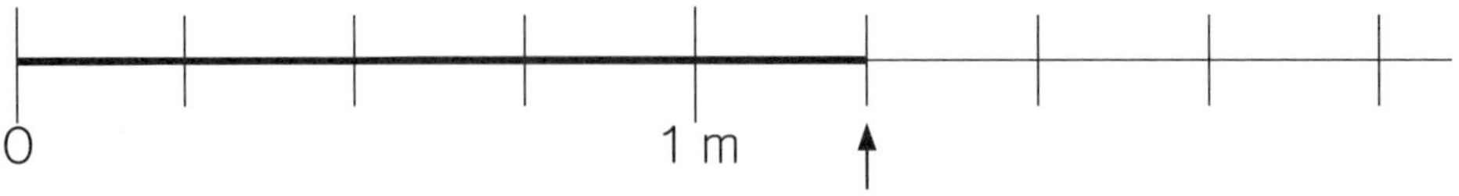 （　）mを＿＿＿等分しているので，1目もりは＿＿＿だから，仮分数は＿＿＿，帯分数は＿＿＿
②	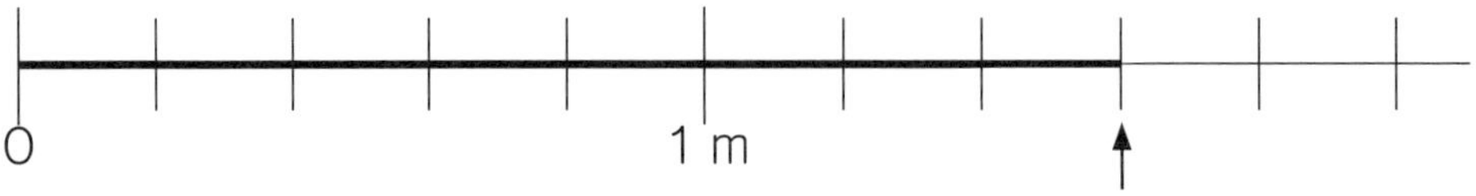
③	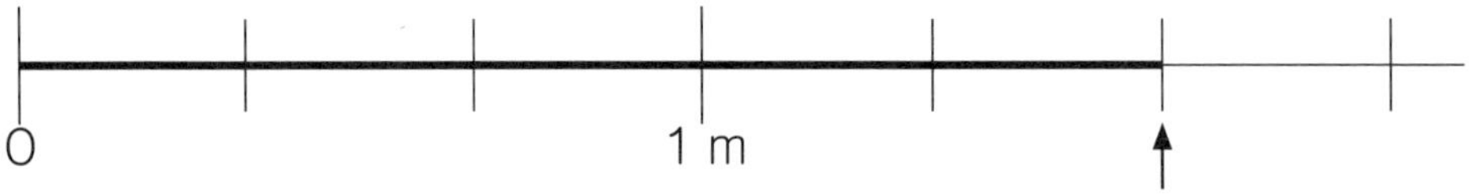
④	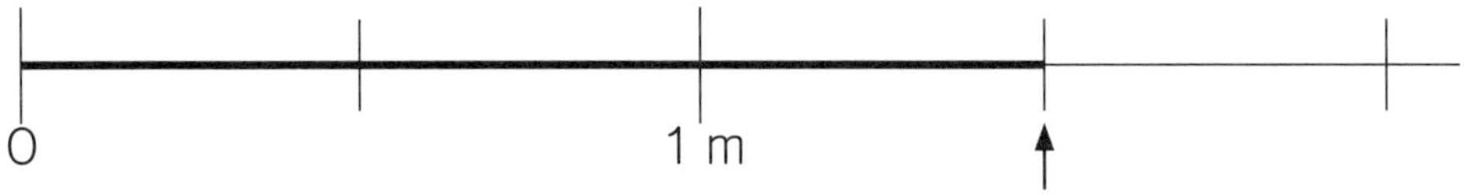
⑤	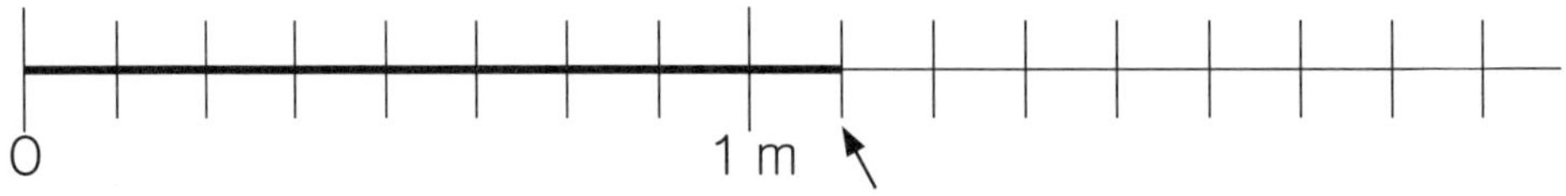
⑥	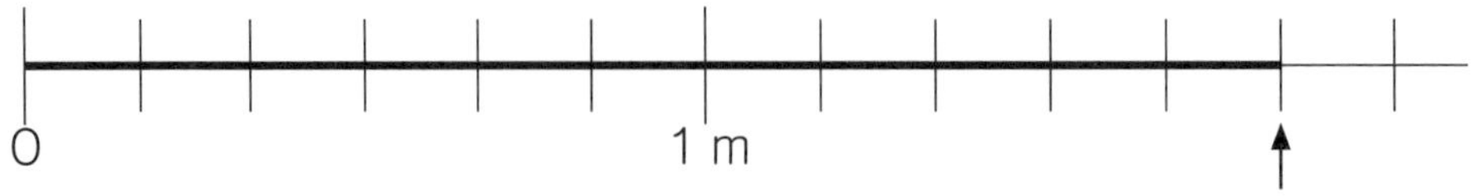

21 分数の数直線

年　組　番　名前

記《き》録《ろく》表《ひょう》

月／日	何こ	月／日	何こ	月／日	何こ	月／日	何こ
／		／		／		／	
／		／		／		／	
／		／		／		／	
／		／		／		／	
／		／		／		／	
／		／		／		／	

いくつできたか記録しましょう。

答え

①
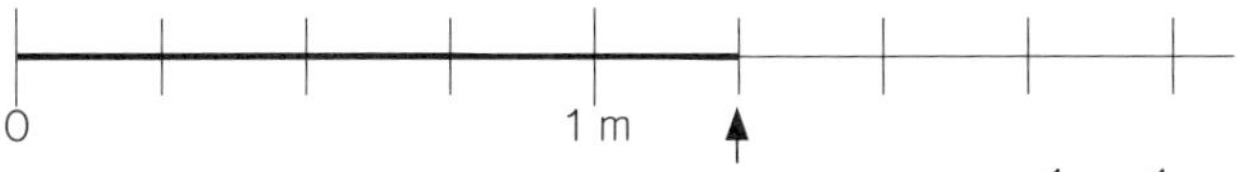

1mを4等分しているので，1目もりは$\frac{1}{4}$。$\frac{1}{4}$が5つ分あるから$\frac{5}{4}$，$\left(1\frac{1}{4}\right)$

②
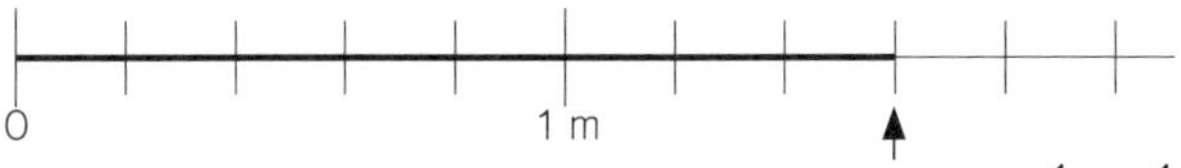

1mを5等分しているので，1目もりは$\frac{1}{5}$。$\frac{1}{5}$が8つ分あるから$\frac{8}{5}$，$\left(1\frac{3}{5}\right)$

③
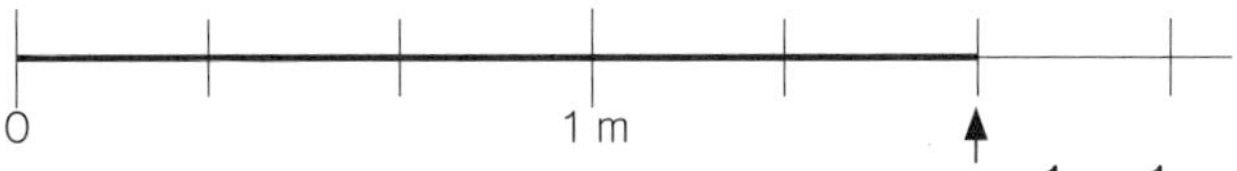

1mを3等分しているので，1目もりは$\frac{1}{3}$。$\frac{1}{3}$が5つ分あるから$\frac{5}{3}$，$\left(1\frac{2}{3}\right)$

④
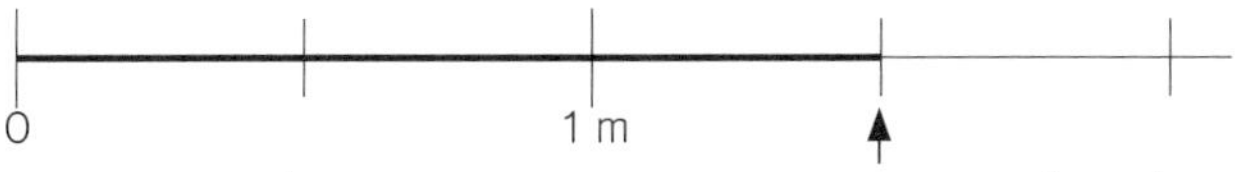

1mを2等分しているので，1目もりは$\frac{1}{2}$。$\frac{1}{2}$が3つ分あるから$\frac{3}{2}$，$\left(1\frac{1}{2}\right)$

⑤

1mを8等分しているので，1目もりは$\frac{1}{8}$。$\frac{1}{8}$が9こ分だから$\frac{9}{8}$，$\left(1\frac{1}{8}\right)$

⑥
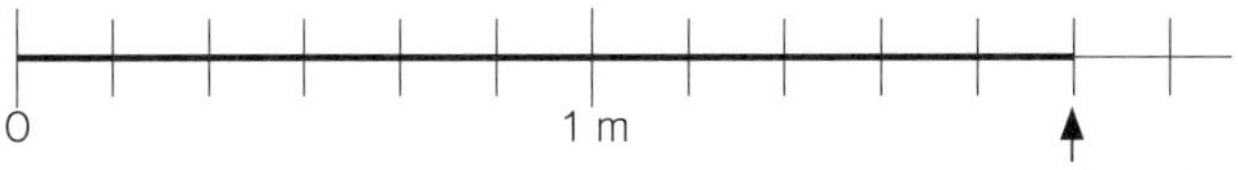

1mを6等分しているので，1目もりは$\frac{1}{6}$。$\frac{1}{6}$が11こ分だから$\frac{11}{6}$，$\left(1\frac{5}{6}\right)$

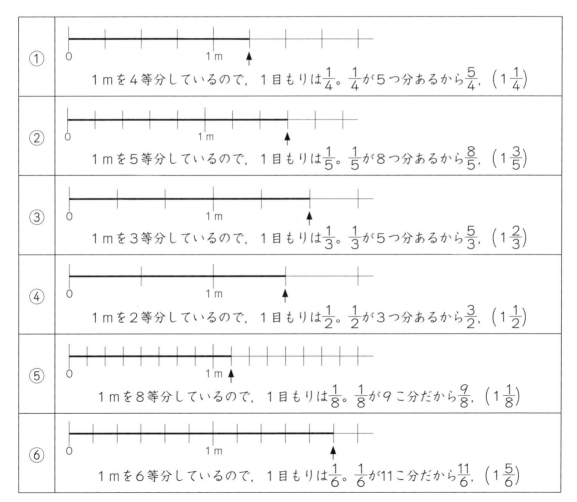

年　組　番　名前

22 帯《たい》分数を仮《か》分数に，仮分数を帯分数・整数にする

	帯分数を仮分数にする		仮分数を帯分数にする	
	○	●	◎	❁
①	$1\frac{2}{3}$	$2\frac{1}{3}$	$\frac{5}{4}$	$\frac{7}{5}$
②	$1\frac{1}{3}$	$2\frac{1}{2}$	$\frac{3}{2}$	$\frac{7}{4}$
③	$1\frac{1}{2}$	$3\frac{1}{4}$	$\frac{5}{3}$	$\frac{11}{8}$
④	$1\frac{1}{4}$	$3\frac{2}{3}$	$\frac{4}{2}$	$\frac{9}{4}$
⑤	$2\frac{3}{4}$	$1\frac{5}{6}$	$\frac{7}{3}$	$\frac{13}{4}$
⑥	$2\frac{2}{5}$	$1\frac{3}{7}$	$\frac{13}{6}$	$\frac{18}{3}$
⑦	$2\frac{4}{5}$	$2\frac{3}{4}$	$\frac{9}{3}$	$\frac{8}{2}$
⑧	$2\frac{3}{5}$	$4\frac{3}{10}$	$\frac{9}{5}$	$\frac{14}{3}$

22 帯《たい》分数を仮《か》分数に，仮分数を帯分数・整数にする

年　組　番　名前

記録表《きろくひょう》

月／日	何こ	月／日	何こ	月／日	何こ	月／日	何こ
／		／		／		／	
／		／		／		／	
／		／		／		／	
／		／		／		／	
／		／		／		／	
／		／		／		／	

いくつできたか記録しましょう。

答え

	○	●	◎	✿
①	$1\frac{2}{3}=\frac{5}{3}$ 3 × 1 + 2	$2\frac{1}{3}=\frac{7}{3}$ 3 × 2 + 1	$\frac{5}{4}=1\frac{1}{4}$ 5 ÷ 4 = 1あまり1	$\frac{7}{5}=1\frac{2}{5}$
②	$1\frac{1}{3}=\frac{4}{3}$	$2\frac{1}{2}=\frac{5}{2}$	$\frac{3}{2}=1\frac{1}{2}$	$\frac{7}{4}=1\frac{3}{4}$
③	$1\frac{1}{2}=\frac{3}{2}$	$3\frac{1}{4}=\frac{13}{4}$	$\frac{5}{3}=1\frac{2}{3}$	$\frac{11}{8}=1\frac{3}{8}$
④	$1\frac{1}{4}=\frac{5}{4}$	$3\frac{2}{3}=\frac{11}{3}$	$\frac{4}{2}=2$ 4 ÷ 2	$\frac{9}{4}=2\frac{1}{4}$
⑤	$2\frac{3}{4}=\frac{11}{4}$	$1\frac{5}{6}=\frac{11}{6}$	$\frac{7}{3}=2\frac{1}{3}$ 7 ÷ 3 = 2あまり1	$\frac{13}{4}=3\frac{1}{4}$
⑥	$2\frac{2}{5}=\frac{12}{5}$	$1\frac{3}{7}=\frac{10}{7}$	$\frac{13}{6}=2\frac{1}{6}$	$\frac{18}{3}=6$
⑦	$2\frac{4}{5}=\frac{14}{5}$	$2\frac{3}{4}=\frac{11}{4}$	$\frac{9}{3}=3$	$\frac{8}{2}=4$
⑧	$2\frac{3}{5}=\frac{13}{5}$	$4\frac{3}{10}=\frac{43}{10}$	$\frac{9}{5}=1\frac{4}{5}$	$\frac{14}{3}=4\frac{2}{3}$

年　組　番　名前

23 分数のたし算ひき算

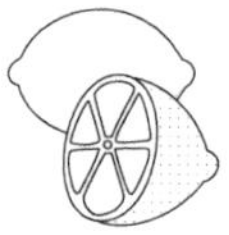

	○	●	◎
①	$\frac{1}{4}+\frac{1}{4}$	$\frac{2}{3}+\frac{1}{3}$	$\frac{3}{4}+1$
②	$\frac{1}{6}+\frac{7}{6}$	$\frac{4}{6}+\frac{5}{6}$	$\frac{1}{2}+2$
③	$\frac{2}{5}+\frac{6}{5}$	$\frac{7}{10}+\frac{3}{10}$	$\frac{4}{3}+\frac{2}{3}$
④	$\frac{7}{8}+\frac{9}{8}$	$\frac{6}{7}+\frac{9}{7}$	$\frac{8}{9}+\frac{1}{9}$
⑤	$\frac{5}{7}-\frac{1}{7}$	$1-\frac{3}{7}$	$\frac{8}{12}-\frac{7}{12}$
⑥	$\frac{11}{9}-\frac{1}{9}$	$1-\frac{1}{6}$	$1-\frac{1}{5}$
⑦	$\frac{12}{8}-\frac{3}{8}$	$1-\frac{5}{9}$	$1-\frac{5}{8}$
⑧	$\frac{10}{4}-\frac{5}{4}$	$1-\frac{1}{2}$	$\frac{19}{10}-\frac{13}{10}$

23 分数のたし算ひき算

年　組　番　名前

記録表《きろくひょう》

月／日	何こ	月／日	何こ	月／日	何こ	月／日	何こ
／		／		／		／	
／		／		／		／	
／		／		／		／	
／		／		／		／	
／		／		／		／	
／		／		／		／	

いくつできたか記録しましょう。

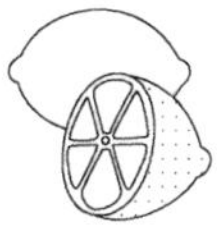

答え

	○	●	◎
①	$\frac{1}{4}+\frac{1}{4}=\frac{2}{4}$	$\frac{2}{3}+\frac{1}{3}=1$	$\frac{3}{4}+1=1\frac{3}{4}$
②	$\frac{1}{6}+\frac{7}{6}=\frac{8}{6}$	$\frac{4}{6}+\frac{5}{6}=\frac{9}{6}$	$\frac{1}{2}+2=2\frac{1}{2}$
③	$\frac{2}{5}+\frac{6}{5}=\frac{8}{5}$	$\frac{7}{10}+\frac{3}{10}=\frac{10}{10}=1$	$\frac{4}{3}+\frac{2}{3}=\frac{6}{3}=2$
④	$\frac{7}{8}+\frac{9}{8}=\frac{16}{8}=2$	$\frac{6}{7}+\frac{9}{7}=\frac{15}{7}$	$\frac{8}{9}+\frac{1}{9}=\frac{9}{9}=1$
⑤	$\frac{5}{7}-\frac{1}{7}=\frac{4}{7}$	$1-\frac{3}{7}=\frac{4}{7}$	$\frac{8}{12}-\frac{7}{12}=\frac{1}{12}$
⑥	$\frac{11}{9}-\frac{1}{9}=\frac{10}{9}$	$1-\frac{1}{6}=\frac{5}{6}$	$1-\frac{1}{5}=\frac{4}{5}$
⑦	$\frac{12}{8}-\frac{3}{8}=\frac{9}{8}$	$1-\frac{5}{9}=\frac{4}{9}$	$1-\frac{5}{8}=\frac{3}{8}$
⑧	$\frac{10}{4}-\frac{5}{4}=\frac{5}{4}$	$1-\frac{1}{2}=\frac{1}{2}$	$\frac{19}{10}-\frac{13}{10}=\frac{6}{10}$

年　組　番　名前

24 小数の読み

大きい  は1です。  は0.1  は0.01です。

	○	◎	✿
①	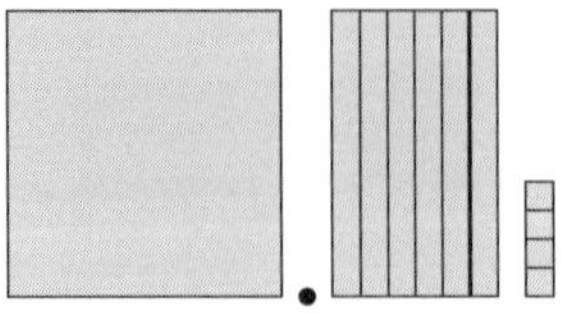	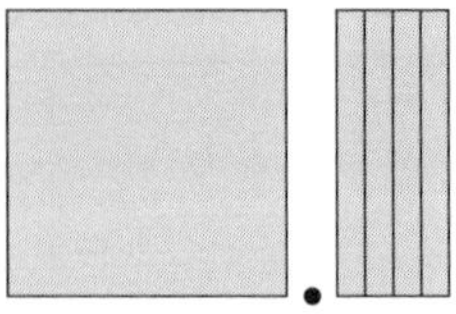	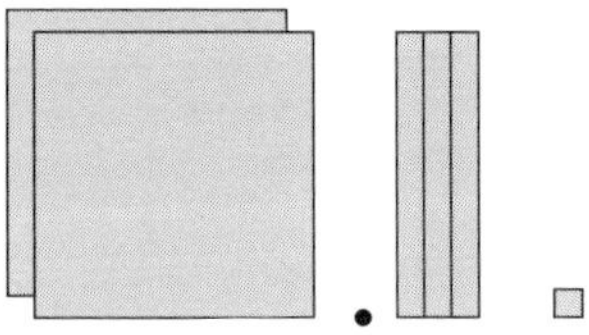
②	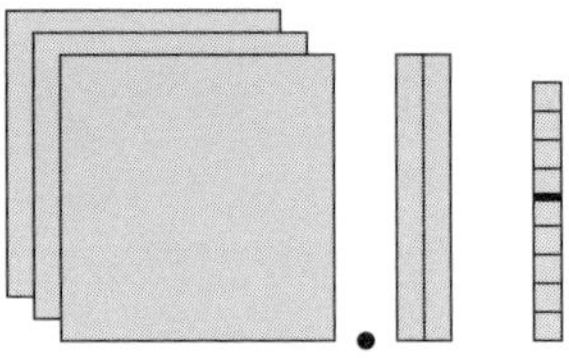	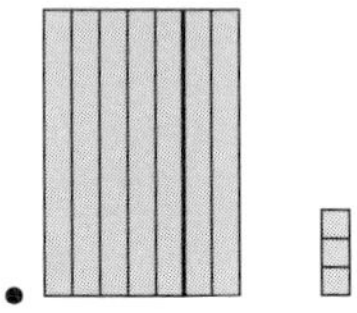	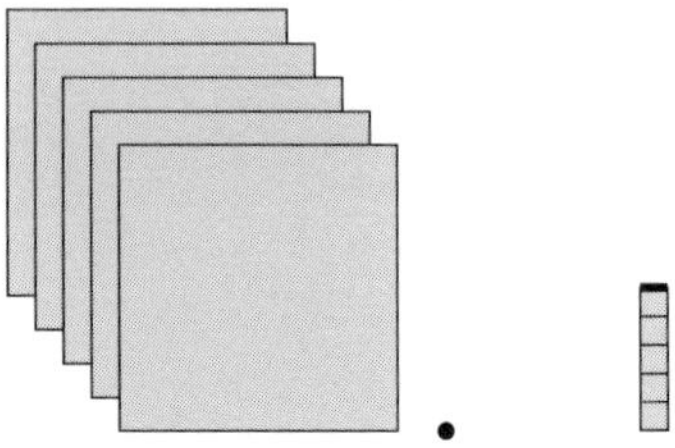
③	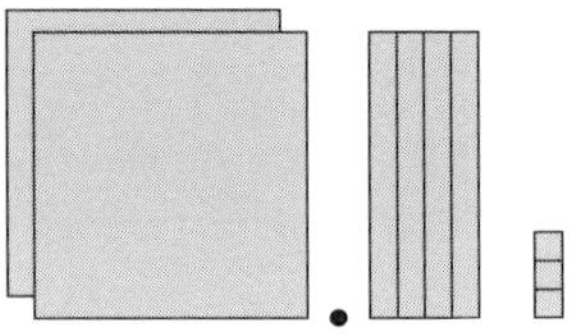	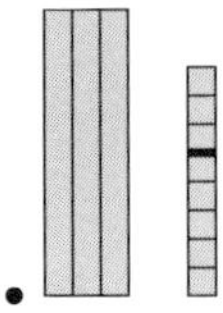	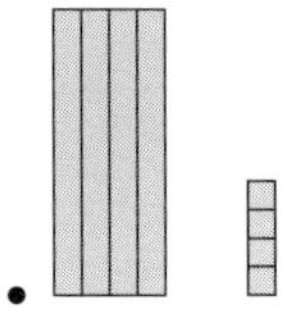
④	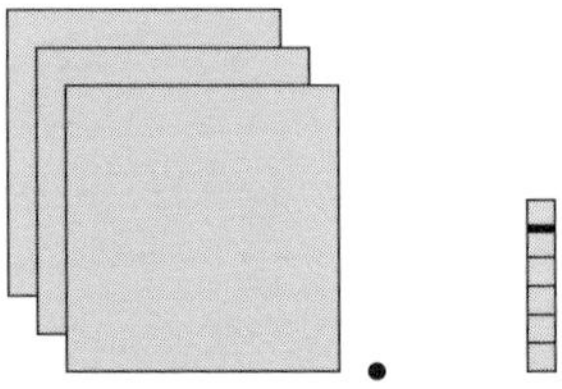	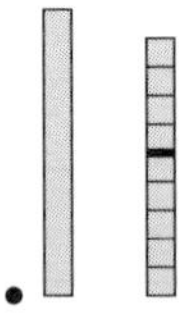	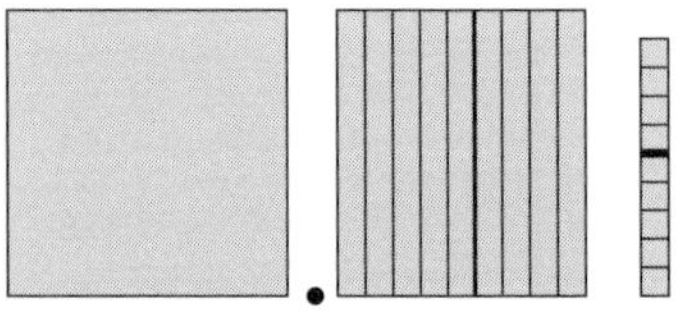
⑤	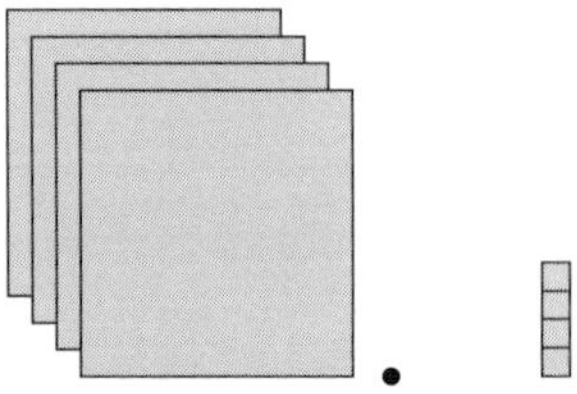	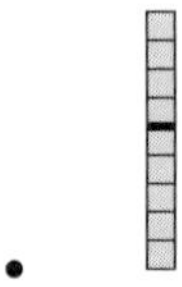	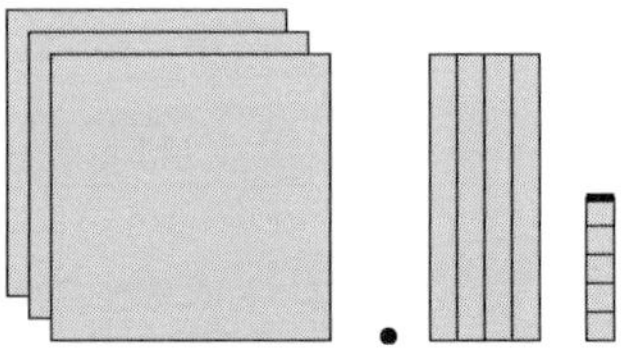

24 小数の読み

年　組　番　名前

記《き》録《ろく》表《ひょう》

月／日	何こ	月／日	何こ	月／日	何こ	月／日	何こ
／		／		／		／	
／		／		／		／	
／		／		／		／	
／		／		／		／	
／		／		／		／	
／		／		／		／	

いくつできたか記録しましょう。

答え

	○	◎	花丸
①	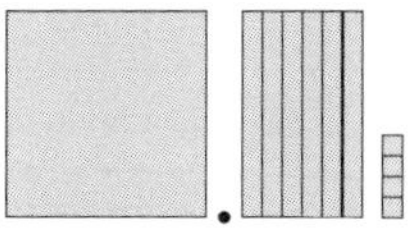 1.64	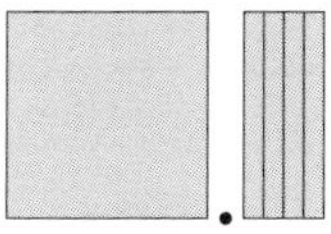 1.4	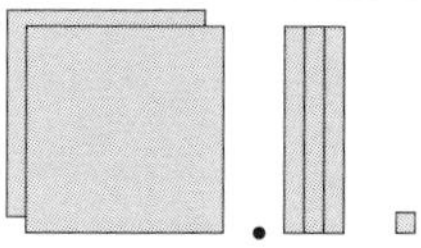 2.31
②	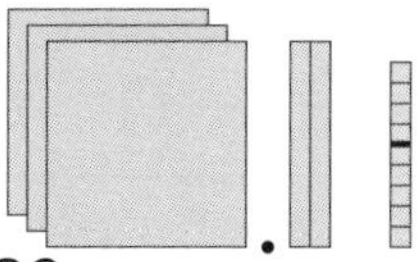 3.29	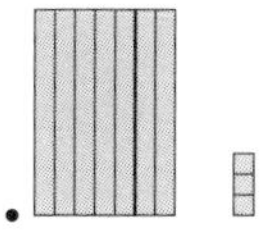 0.73	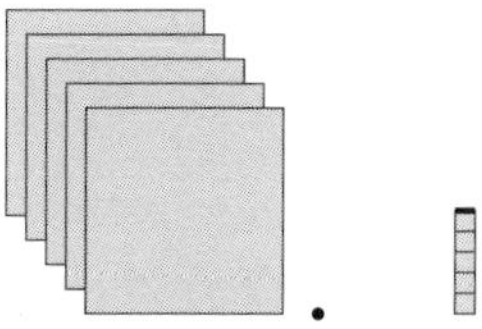 5.05
③	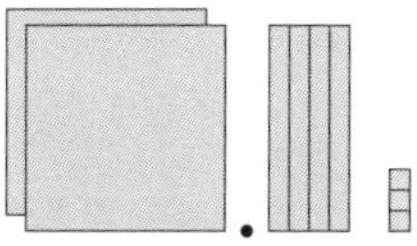 2.43	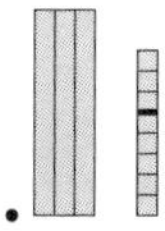 0.38	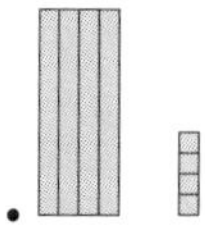 0.44
④	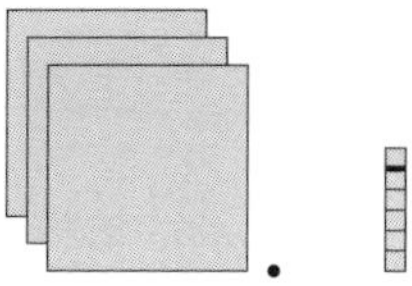 3.06	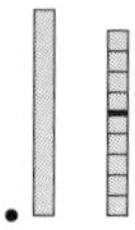 0.19	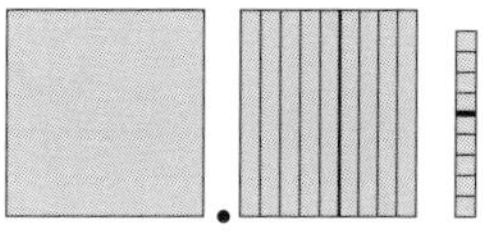 1.99
⑤	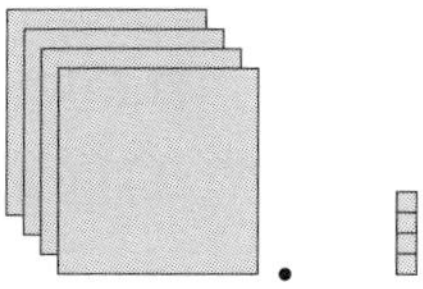 4.04	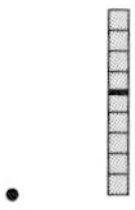 0.09	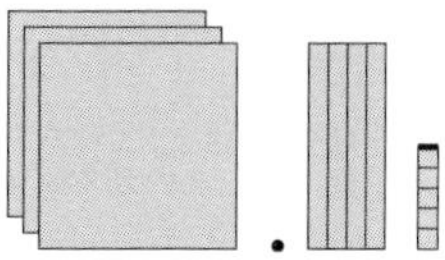 3.45

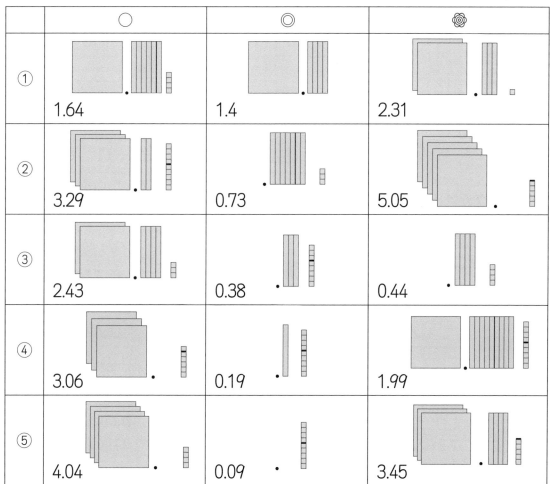

年　組　番　名前

25 小数　小数第3位《い》まで

	○	●	◎
①	0.1が8こと 0.01が2こで□	大きい数は 0.08　0.02	一番大きい数は 3.459　8.879　2.653
②	0.01が6こと 0.001が9こで□	2.043　2.134	一番大きい数は 4.539　4.516　4.56
③	0.01は1を□こに 分けた1つ分	0.085　0.082	一番大きい数は 1.4　1.387　1.464
④	0.01が100こで□	3.1　3.09	一番大きい数は 0.789　0.81　0.843
⑤	0.01が25こで□	0.991　1	一番小さい数は 1.08　1.108　1.081
⑥	0.01が218こで□	5.201　5.102	一番小さい数は 1.18　1.008　1.08
⑦	0.001は1を□こに 分けた1つ分	小さい数は 0.23　0.21	一番小さい数は 4.02　0　4.012
⑧	0.001が1000こで□	3.444　4.333	一番小さい数は 0.031　0.103　0.02
⑨	1が2つと0.001が4つで	0.321　0.123	中の数は 4.531　4.351　4.135
⑩	0.1が5つと0.001が7つで	4.575　4.755	中の数は 0.222　0.212　0.122
⑪	0.471は，□を4こと□を7こと □を1こあわせた数です。	9.99　1	中の数は 0.43　0.409　0.439
⑫	3.018は，□を3こと□を1こと □を8こあわせた数です。	0.1　0.111	中の数は 0.09　0.039　0.058

※1分間にどこまで言えるかな？　目標《もくひょう》は1分で36問

25 小数　小数第３位《い》まで

年　　組　　番　　名前

記録表《きろくひょう》

月／日	何こ	月／日	何こ	月／日	何こ	月／日	何こ
／		／		／		／	
／		／		／		／	
／		／		／		／	
／		／		／		／	
／		／		／		／	
／		／		／		／	

いくつできたか記録しましょう。

答え

	○	●	◎
①	0.1が８こと 0.01が２こで **0.82**	大きい数は **0.08** 0.02	一番大きい数は 3.459 **8.879** 2.653
②	0.01が６こと 0.001が９こで **0.069**	2.043 **2.134**	一番大きい数は 4.539 4.516 **4.56**
③	0.01は１を **100** こに分けた１つ分	**0.085** 0.082	一番大きい数は 1.4 1.387 **1.464**
④	0.01が100こで **1**	**3.1** 3.09	一番大きい数は 0.789 0.81 **0.843**
⑤	0.01が25こで **0.25**	0.991 **1**	一番小さい数は **1.08** 1.108 1.081
⑥	0.01が218こで **2.18**	**5.201** 5.102	一番小さい数は 1.18 **1.008** 1.08
⑦	0.001は１を **1000** こに分けた１つ分	小さい数は 0.23 **0.21**	一番小さい数は 4.02 **0** 4.012
⑧	0.001が1000こで **1**	**3.444** 4.333	一番小さい数は 0.031 0.103 **0.02**
⑨	１が２つと0.001が４つで **2.004**	0.321 **0.123**	中の数は 4.531 **4.351** 4.135
⑩	0.1が5つと0.001が7つで **0.507**	**4.575** 4.755	中の数は 0.222 **0.212** 0.122
⑪	0.471は，**0.1** を4こと **0.01** を7こと **0.001** を１こあわせた数です。	**9.99** 1	中の数は **0.43** 0.409 0.439
⑫	3.018は，**1** を３こと **0.01** を１こと **0.001** を８こあわせた数です。	**0.1** 0.111	中の数は 0.09 0.039 **0.058**

年　組　番　名前

26 小数×整数

○の通りから2回やったら，次は◎の通りから始めましょう。

	○	●	◎	❁
①	0.3×2	0.03×3	0.5×8	0.01×100
②	0.2×4	0.01×5	1.6×10	0.01×80
③	0.7×5	0.02×8	0.5の2倍	0.8×7
④	0.8×1	0.04×9	0.06の3倍	0.7×9
⑤	0.7×3	0.06×6	1.1の2倍	0.06×8
⑥	0.6×2	0.08×5	0.3の9倍	0.15×2
⑦	0.3×3	0.17×10	0.9×1	0.07×10
⑧	0.6×5	0.23の10倍	3.2×10	0.03×1
⑨	0.4の7倍	1.72の10倍	3.6×1	0.14×10
⑩	0.5の10倍	0.01×15	0.5×0	6.03×10

※1分間にどこまで言えるかな？

26 小数×整数

年　組　番　名前

記《き》録《ろく》表《ひょう》

月／日	何こ	月／日	何こ	月／日	何こ	月／日	何こ
／		／		／		／	
／		／		／		／	
／		／		／		／	
／		／		／		／	
／		／		／		／	
／		／		／		／	

いくつできたか記録しましょう。

答え

	○	●	◎	❁
①	0.3×2 0.6	0.03×3 0.09	0.5×8 4	0.01×100 1
②	0.2×4 0.8	0.01×5 0.05	1.6×10 16	0.01×80 0.8
③	0.7×5 3.5	0.02×8 0.16	0.5の2倍 1	0.8×7 5.6
④	0.8×1 0.8	0.04×9 0.36	0.06の3倍 0.18	0.7×9 6.3
⑤	0.7×3 2.1	0.06×6 0.36	1.1の2倍 2.2	0.06×8 0.48
⑥	0.6×2 1.2	0.08×5 0.4	0.3の9倍 2.7	0.15×2 0.3
⑦	0.3×3 0.9	0.17の10倍 1.7	0.9×1 0.9	0.07×10 0.7
⑧	0.6×5 3	0.23の10倍 2.3	3.2×10 32	0.03×1 0.03
⑨	0.4の7倍 2.8	1.72×10 17.2	3.6×1 3.6	0.14×10 1.4
⑩	0.5の10倍 5	0.01×15 0.15	0.5×0 0	6.03×10 60.3

年　組　番　名前

27 小数÷整数

10でわると，位《くらい》が1つ下がります。

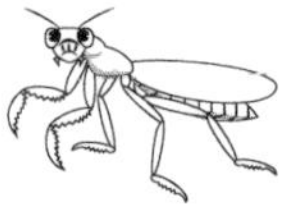

1列だけをくり返しやってもよい。

	○	●	◎	❁
①	0.4÷2	0.08÷4	0.2÷4	0.5÷1
②	0.6÷3	0.09÷3	0.1÷5	0.1÷10
③	0.5÷5	0.14÷7	0.4÷8	0.8÷10
④	0.8÷1	0.28÷4	0.3÷5	1.7÷10
⑤	0.7÷7	0.21÷7	0.4÷10	6÷10
⑥	1.5÷5	1÷2	4÷5	0.28÷7
⑦	1.6÷8	1÷5	0.42÷6	2.4÷8
⑧	5.4÷9	2÷4	2÷5	0.5÷10
⑨	3.2÷8	4÷1	1.8÷9	9÷9
⑩	4.9÷7	3÷6	0.48÷8	0.9÷10

※1分間にどこまで言えるかな？

27 小数÷整数

年　組　番　名前

記《き》録《ろく》表《ひょう》

月／日	何こ	月／日	何こ	月／日	何こ	月／日	何こ
／		／		／		／	
／		／		／		／	
／		／		／		／	
／		／		／		／	
／		／		／		／	
／		／		／		／	

いくつできたか記録しましょう。

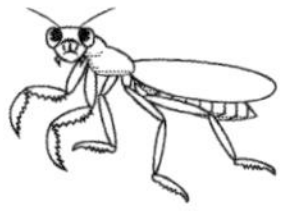

答え

	○	●	◎	❀
①	0.4÷2 0.2	0.08÷4 0.02	0.2÷4 0.05	0.5÷1 0.5
②	0.6÷3 0.2	0.09÷3 0.03	0.1÷5 0.02	0.1÷10 0.01
③	0.5÷5 0.1	0.14÷7 0.02	0.4÷8 0.05	0.8÷10 0.08
④	0.8÷1 0.8	0.28÷4 0.07	0.3÷5 0.06	1.7÷10 0.17
⑤	0.7÷7 0.1	0.21÷7 0.03	0.4÷10 0.04	6÷10 0.6
⑥	1.5÷5 0.3	1÷2 0.5	4÷5 0.8	0.28÷7 0.04
⑦	1.6÷8 0.2	1÷5 0.2	0.42÷6 0.07	2.4÷8 0.3
⑧	5.4÷9 0.6	2÷4 0.5	2÷5 0.4	0.5÷10 0.05
⑨	3.2÷8 0.4	4÷1 4	1.8÷9 0.2	9÷9 1
⑩	4.9÷7 0.7	3÷6 0.5	0.48÷8 0.06	0.9÷10 0.09

年　組　番　名前

28 単《たん》位《い》の言いかえ　km　kg　小数

	○	●	◎	❁
①	1km＝□ m	8 m＝□ km	0.1km＝□ m	3 L＝□ mL
②	2km＝□ m	40m＝□ km	0.5km＝□ m	7L412mL＝□ mL
③	4km631m＝□ m	1kg＝□ g	7.65km＝□ m	4.6L＝□ mL
④	4600m＝□ km	1000g＝□ kg	2.874km＝□ m	8.94L＝□ mL
⑤	500m＝□ km	1200g＝□ kg	0.1kg＝□ g	0.543L＝□ mL
⑥	4km60m＝□ m	800g＝□ kg	0.7kg＝□ g	2.03L＝□ mL
⑦	2070m＝□ km	200g＝□ kg	3.14kg＝□ g	0.1 L＝□ mL
⑧	2340m＝□ km	1160g＝□ kg	6.032kg＝□ g	0.01L＝□ mL

※1分間にどこまで言えるかな？

28 単位《たんい》の言いかえ　km　kg　小数

年　組　番　名前

答え

	○	●	◎	✿
①	1km ＝□ m 1000m	8m ＝□ km 0.008km	0.1km ＝□ m 100m	3L ＝□ mL 3000mL
②	2km ＝□ m 2000m	40m ＝□ km 0.04km	0.5km ＝□ m 500m	7L412mL ＝□ mL 7412mL
③	4km631m ＝□ m 4631m	1kg ＝□ g 1000g	7.65km ＝□ m 7650m	4.6L ＝□ mL 4600mL
④	4600m ＝□ km 4.6km	1000g ＝□ kg 1 kg	2.874km ＝□ m 2874m	8.94L ＝□ mL 8940mL
⑤	500m ＝□ km 0.5km	1200g ＝□ kg 1.2kg	0.1kg ＝□ g 100g	0.543L ＝□ mL 543mL
⑥	4km60m ＝□ m 4060m	800g ＝□ kg 0.8kg	0.7kg ＝□ g 700g	2.03L ＝□ mL 2030mL
⑦	2070m ＝□ km 2.07km	200g ＝□ kg 0.2kg	3.14kg ＝□ g 3140g	0.1L ＝□ mL 100mL
⑧	2340m ＝□ km 2.34km	1160g ＝□ kg 1.16kg	6.032kg ＝□ g 6032g	0.01L ＝□ mL 10mL

記録表《きろくひょう》

月／日	何こ	月／日	何こ
／		／	
／		／	
／		／	
／		／	
／		／	
／		／	
／		／	
／		／	
／		／	
／		／	
／		／	
／		／	

いくつできたか記録しましょう。

年　組　番　名前

29 小数のたし算ひき算

	○	●	◎
①	0.5+0.2	0.7−0.2	0.6+0.5
②	0.4+0.6	1−0.3	0.08+0.08
③	0.02+0.09	0.09−0.07	0.34+0.45
④	0.08+0.05	0.07−0.01	6+0.05
⑤	0.25+0.03	0.49−0.06	8.1+0.9
⑥	0.07+0.36	0.58−0.08	0.6−0.6
⑦	7.6+1.3	5.3−2.1	0.32−0.04
⑧	4.8+2.5	6.1−1.9	3.9−2.2
⑨	2+0.85	5−0.61	1−0.01
⑩	0.12+4	0.1−0.01	5−0.25

29 小数のたし算ひき算

年　組　番　名前

記《き》録《ろく》表《ひょう》

月／日	何こ	月／日	何こ	月／日	何こ	月／日	何こ
／		／		／		／	
／		／		／		／	
／		／		／		／	
／		／		／		／	
／		／		／		／	
／		／		／		／	

いくつできたか記録しましょう。

答え

	○	●	◎
①	0.5＋0.2＝0.7	0.7－0.2＝0.5	0.6+0.5＝1.1
②	0.4＋0.6＝1	1－0.3＝0.7	0.08+0.08＝0.16
③	0.02＋0.09＝0.11	0.09－0.07＝0.02	0.34+0.45＝0.79
④	0.08＋0.05＝0.13	0.07－0.01＝0.06	6+0.05＝6.05
⑤	0.25＋0.03＝0.28	0.49－0.06＝0.43	8.1+0.9＝9
⑥	0.07＋0.36＝0.43	0.58－0.08＝0.5	0.6－0.6＝0
⑦	7.6+1.3＝8.9	5.3－2.1＝3.2	0.32－0.04＝0.28
⑧	4.8+2.5＝7.3	6.1－1.9＝4.2	3.9－2.2＝1.7
⑨	2+0.85＝2.85	5－0.61＝4.39	1－0.01＝0.99
⑩	0.12+4＝4.12	0.1－0.01＝0.09	5－0.25＝4.75

年　組　番　名前

30 ふさわしい単位《たんい》をつけましょう　長さ，かさ，重さ

はじめは，列を決めてくり返しやるとよい。

	○		●		◎		❁	
	km，m，cm，mm		L，dL，mL，kg		km，m，cm，mm		km，m，cm，mm　kg，g	
①	はがきのたて	15（　）	牛にゅうびん1本	200（　）	運動場1周《しゅう》	250（　）	木の幹《みき》の周《まわ》り	90（　）
②	プールのたて	25（　）	牛にゅうびん1本	2（　）	マラソンのきょり	42（　）	教室の横の長さ	9（　）
③	教科書のたて	21（　）	牛にゅうパック1本	1000（　）	学校から駅まで	1.4（　）	乗用車のたて	4（　）
④	遠足の道のり	12（　）	牛にゅうパック1本	1（　）	シャープペンのしんの太さ	0.5（　）	箸《はし》の長さ	21（　）
⑤	一円玉の直径《ちょっけい》	2（　）	バケツ1ぱいの水	8（　）	富士山《ふじさん》の高さ	3776（　）	おとなの身長	1.7（　）
⑥	教科書のあつさ	5（　）	計量《けいりょう》カップ	200（　）	校しゃの高さ2階	10（　）	おとなの体重	60（　）
⑦	5年生の身長	142（　）	水1Lの重さ	1（　）	なわとびなわの長さ	1.8（　）	たまごの重さ	50（　）
⑧	米1つぶの長さ	8（　）	ふろの水	250（　）	くつの長さ	23（　）	スカイツリーの高さ	634（　）

※1分間にどこまで言えるかな？　目標《もくひょう》は1分で32問

30 ふさわしい単位《たんい》をつけましょう　長さ，かさ，重さ

年　組　番　名前

答え

	○	●	◎	✿
①	はがきのたて　15（　） 15cm	牛にゅうびん1本　200（　） 200mL	運動場1周《しゅう》　250（　） 250m	木の幹《みき》の周《まわ》り　90（　） 90cm
②	プールのたて　25（　） 25m	牛にゅうびん1本　2（　） 2dL	マラソンのきょり　42（　） 42km	教室の横の長さ　9（　） 9m
③	教科書のたて　21（　） 21cm	牛にゅうパック1本　1000（　） 1000mL	学校から駅まで　1.4（　） 1.4km	乗用車のたて　4（　） 4m
④	遠足の道のり　12（　） 12km	牛にゅうパック1本　1（　） 1L	シャープペンのしんの太さ　0.5（　） 0.5mm	箸《はし》の長さ　21（　） 21cm
⑤	一円玉の直径《ちょっけい》　2（　） 2cm	バケツ1ぱいの水　8（　） 8L	富士山《ふじさん》の高さ　3776（　） 3776m	おとなの身長　1.7（　） 1.7m
⑥	教科書のあつさ　5（　） 5mm	計量《けいりょう》カップ　200（　） 200mL	校しゃの高さ　10（　） 10m	おとなの体重　60（　） 60kg
⑦	5年生の身長　142（　） 142cm	水1Lの重さ　1（　） 1kg	なわとびなわの長さ　1.8（　） 1.8m	たまごの重さ　50（　） 50g
⑧	米1つぶの長さ　8（　） 8mm	ふろの水　250（　） 250L	くつの長さ　23（　） 23cm	スカイツリーの高さ　634（　） 634m

記録表《きろくひょう》

月／日	何こ	月／日	何こ
／		／	
／		／	
／		／	
／		／	
／		／	
／		／	
／		／	
／		／	
／		／	
／		／	
／		／	
／		／	

いくつできたか記録しましょう。

【編著者紹介】

志水　廣（しみず　ひろし）

愛知教育大学名誉教授。1952年，神戸市生まれ，大阪教育大学卒業。神戸市の公立小学校に勤務後，兵庫教育大学大学院修了（数学教育専攻）。筑波大学附属小学校教諭，愛知教育大学数学教育講座教授，同大学大学院教育実践研究科教授。各地の小学校で示範授業や指導講演をして活動中。授業力アップわくわくクラブ代表，志水塾代表。

著書に，『「愛」で育てる算数数学の授業』，『算数授業のユニバーサルデザイン』，『２つの「しかけ」でうまくいく！算数授業のアクティブ・ラーニング』など100冊を超える。

「志水　廣」URL　http://www.schoolweb.ne.jp/weblog/index.php?id=2370003

【著者紹介】

篠崎　富美子（しのざき　ふみこ）

元長野県公立小学校教諭

算数力がみるみるアップ！

パワーアップ読み上げ計算ワークシート　３・４年

2017年11月初版第１刷刊　©編著者　志　水　　廣

2019年７月初版第３刷刊　著　者　篠　崎　富美子

発行者　藤　原　光　政

発行所　明治図書出版株式会社

http://www.meijitosho.co.jp

（企画）木山麻衣子（校正）㈱東図企画

〒114-0023　東京都北区滝野川7-46-1

振替00160-5-151318　電話03（5907）6702

ご注文窓口　電話03（5907）6668

＊検印省略　組版所　藤　原　印　刷　株　式　会　社

Printed in Japan　ISBN978-4-18-178925-1